Ce livre APPartient a

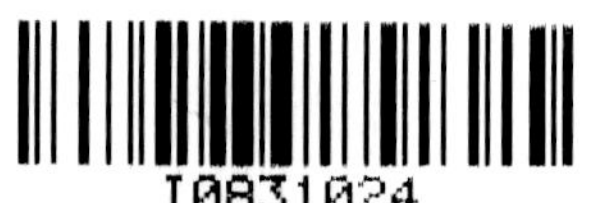

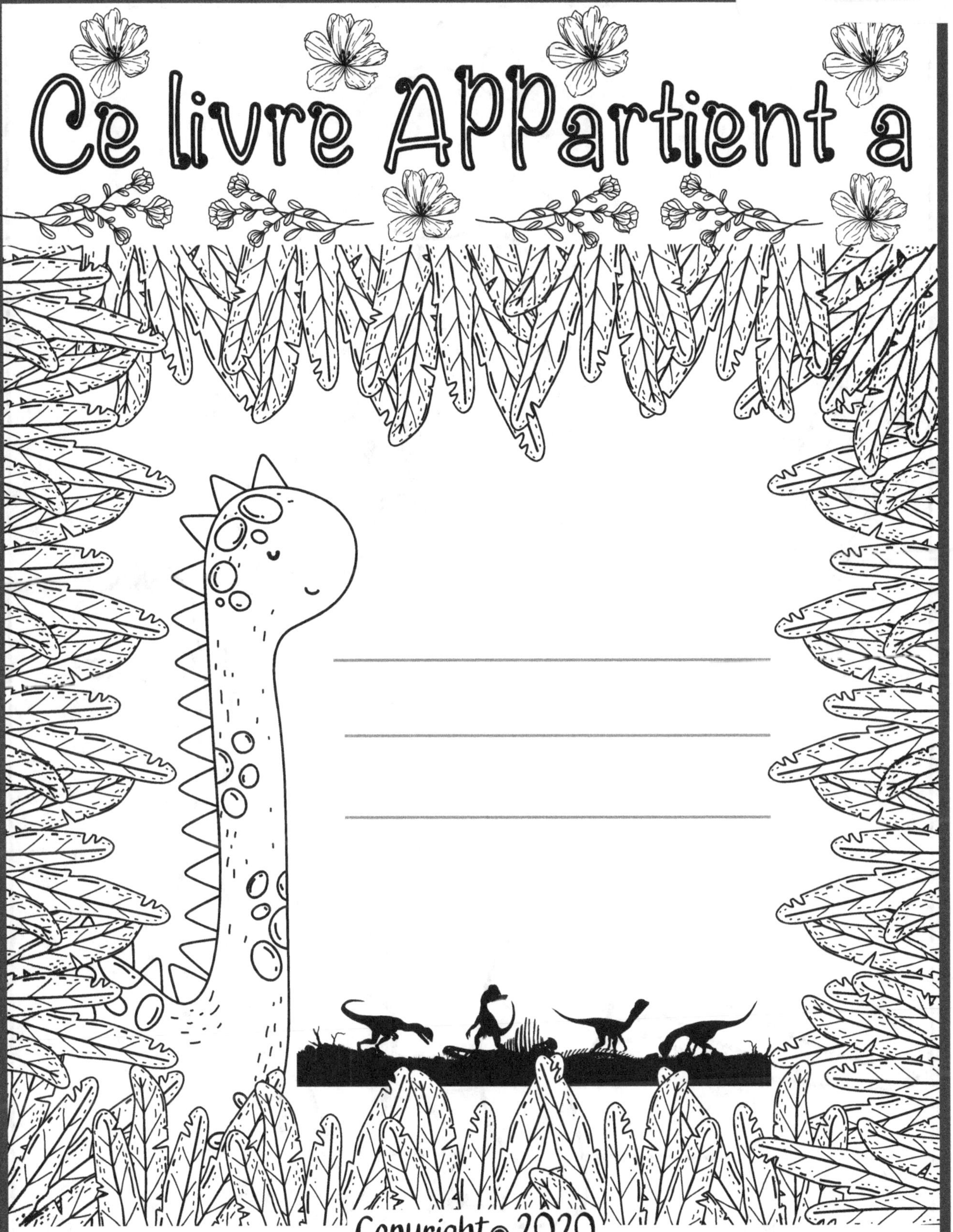

Copyright © 2020
Pete P C.Coloriage

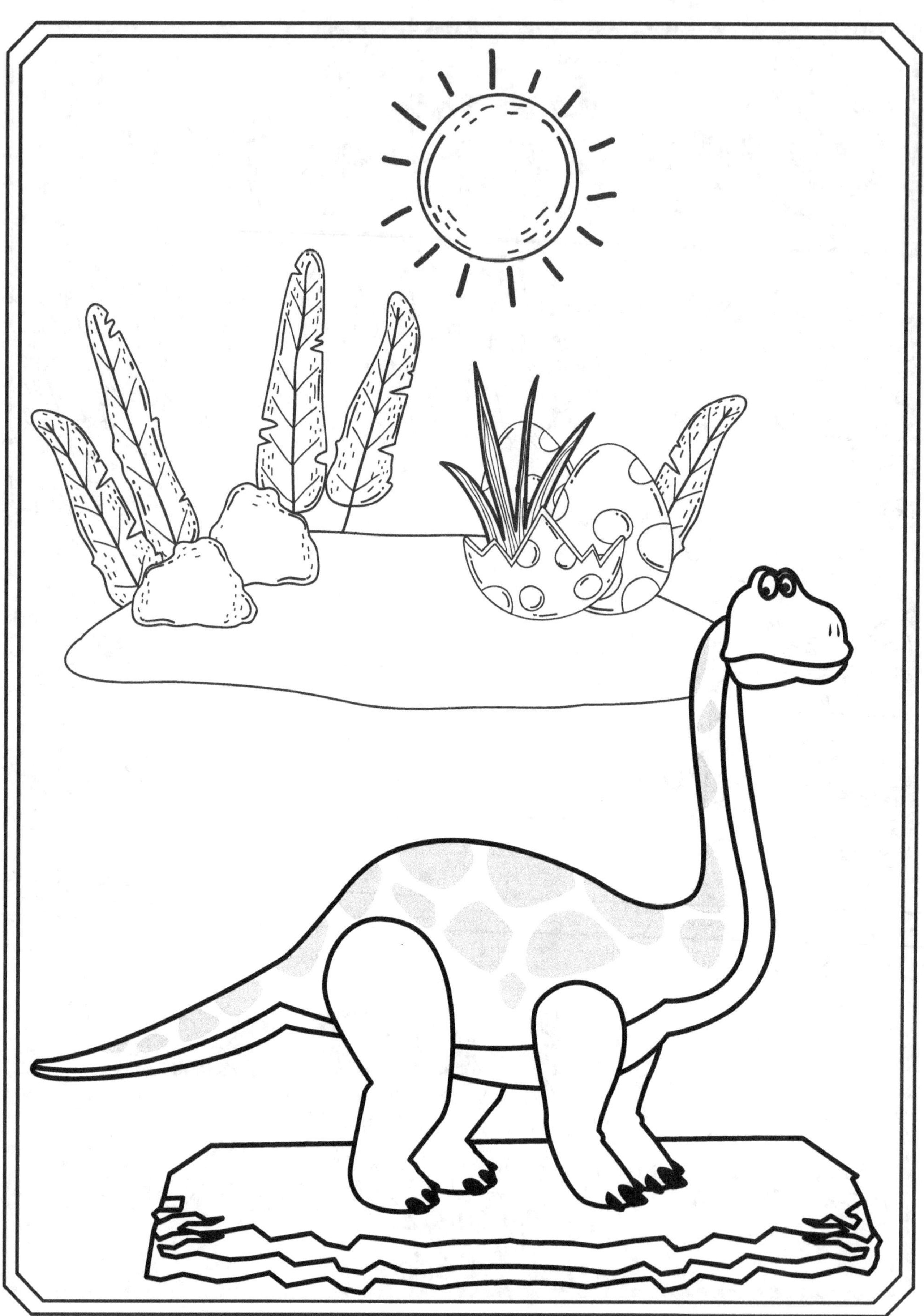

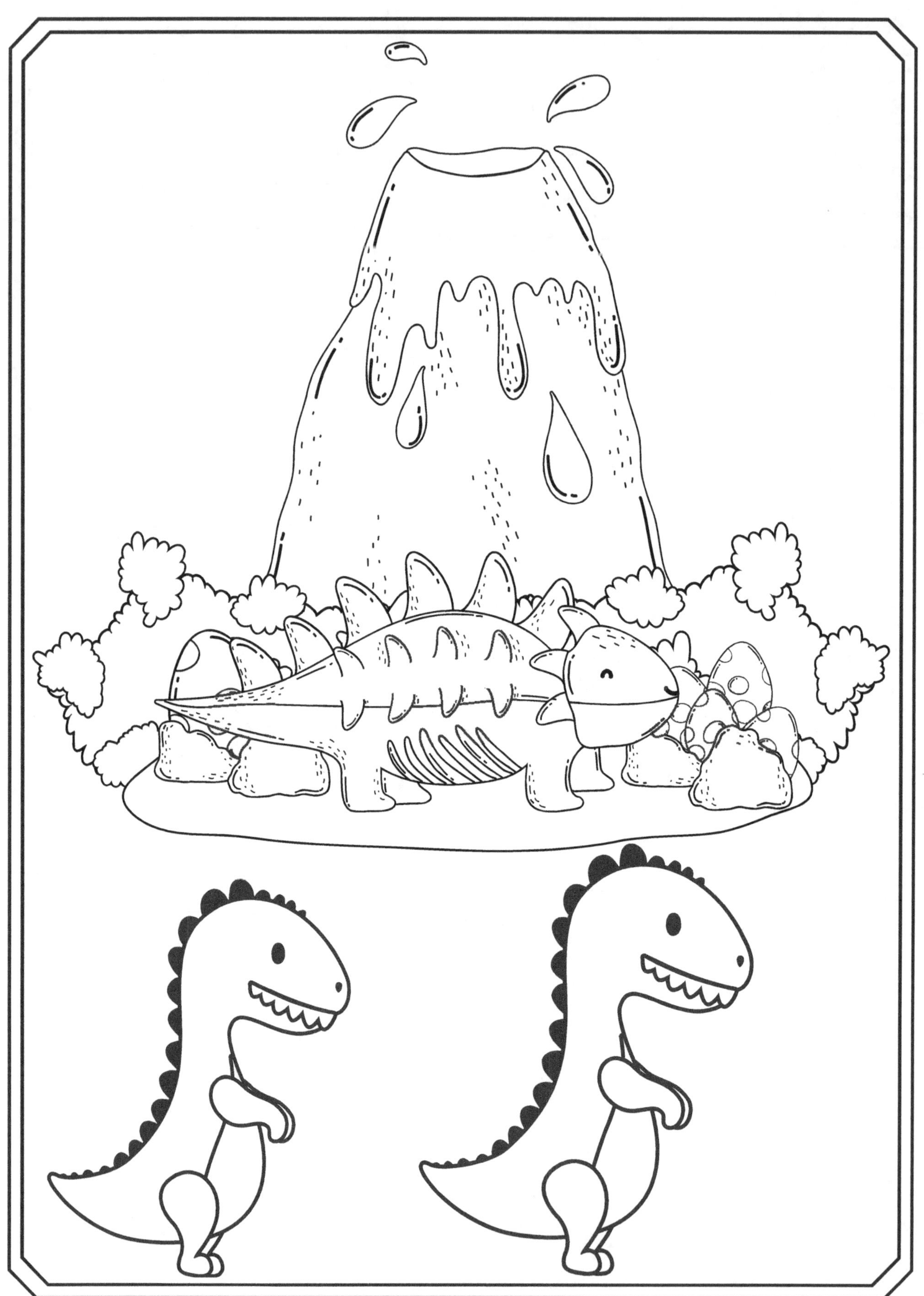

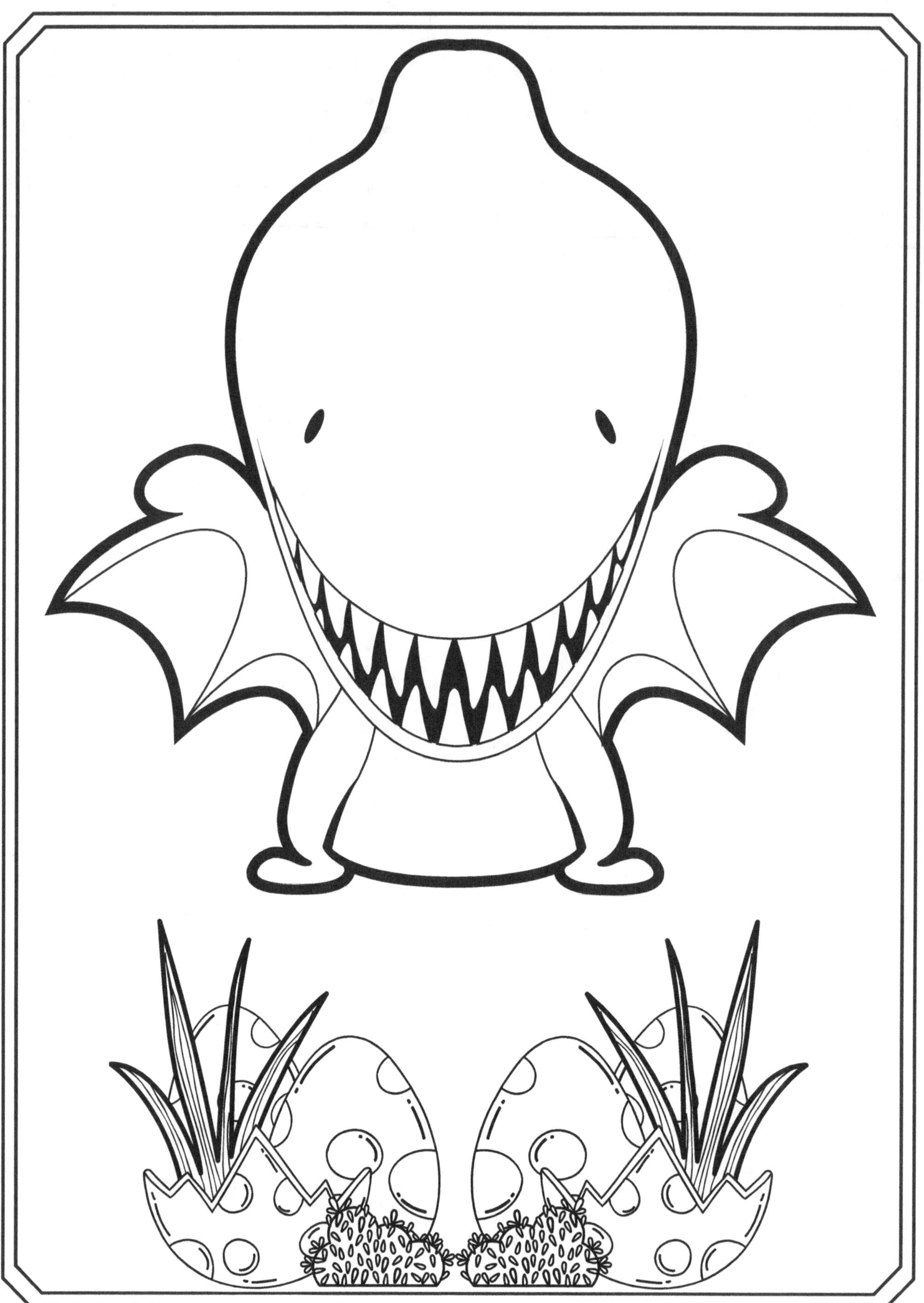

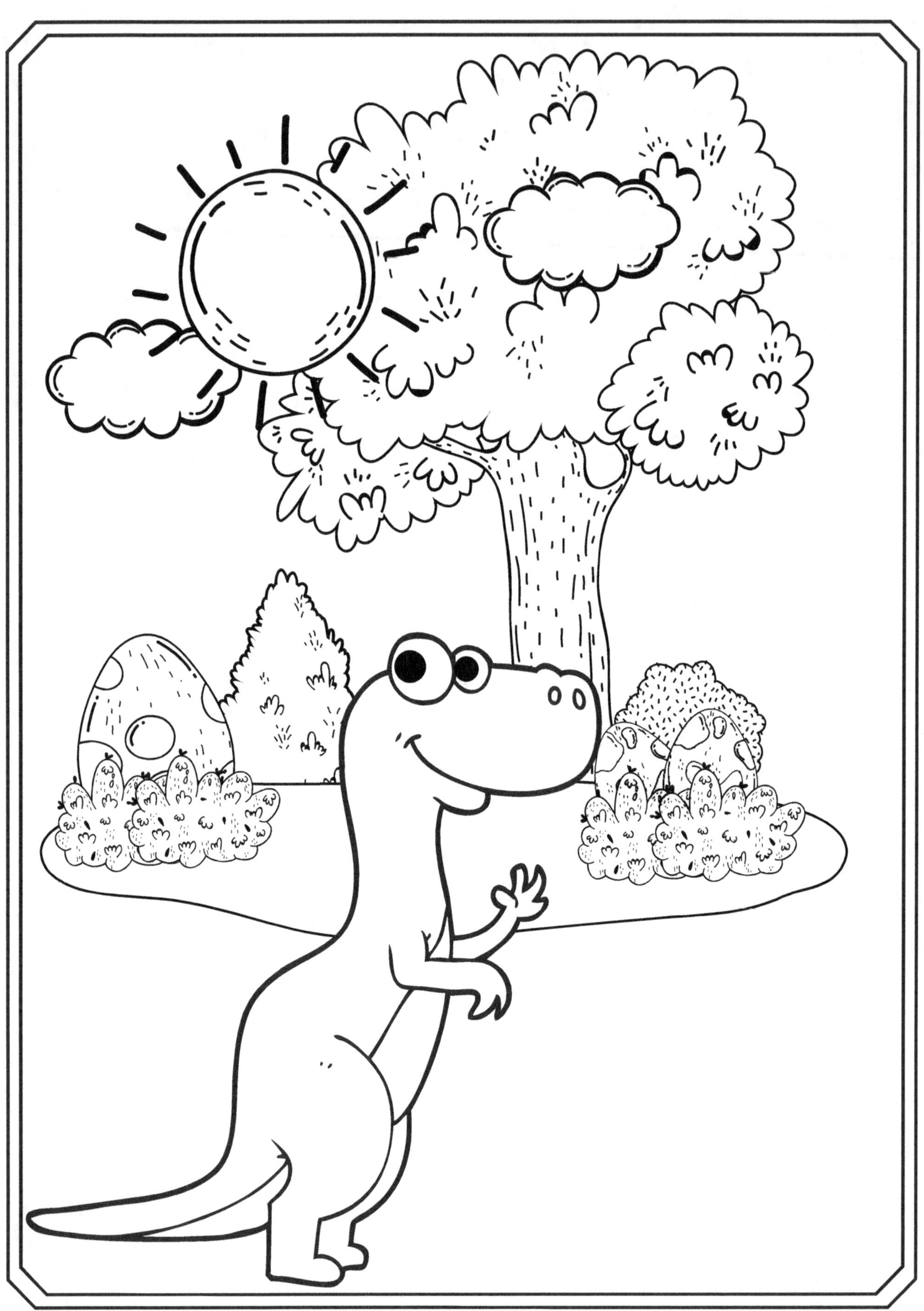

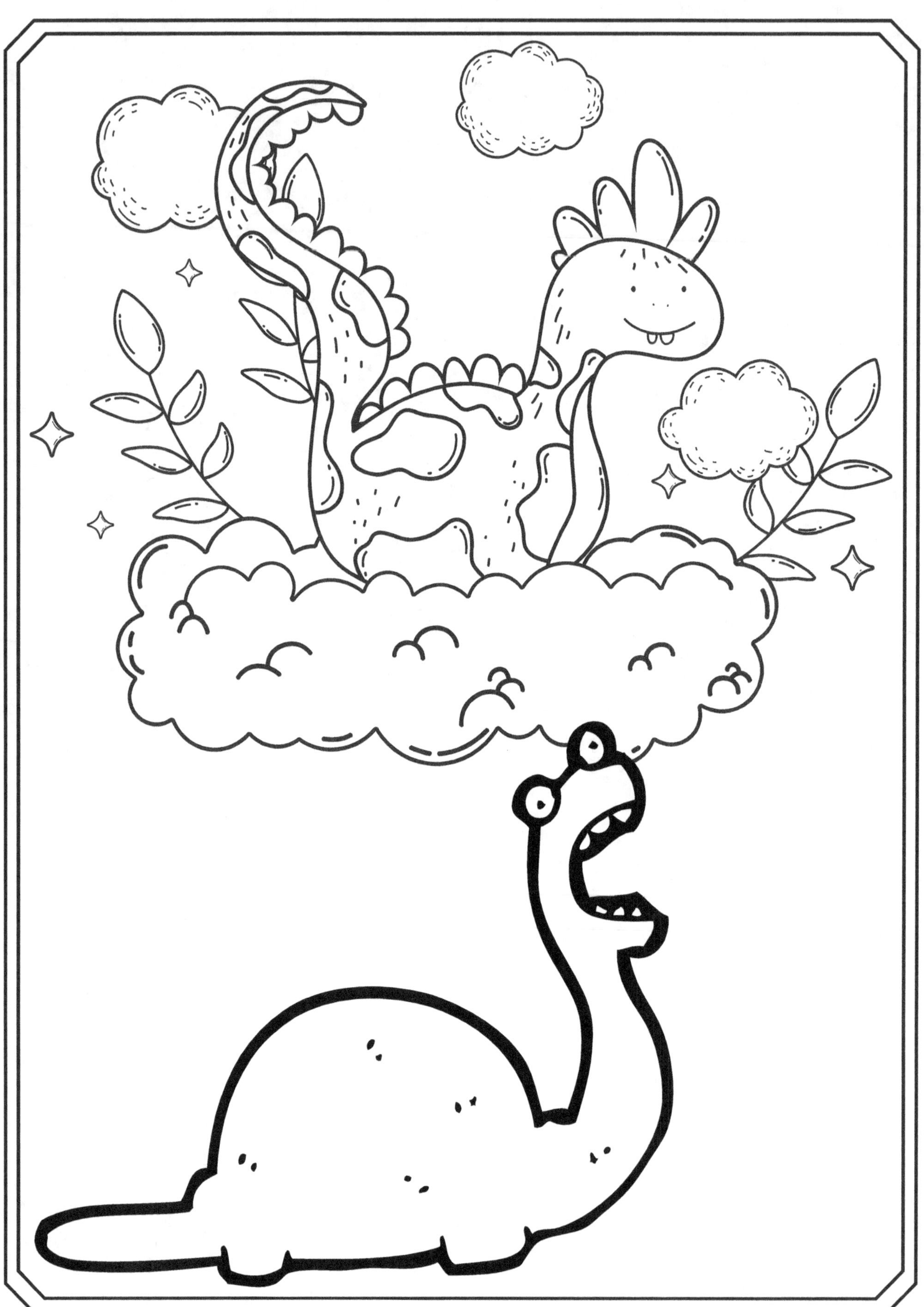

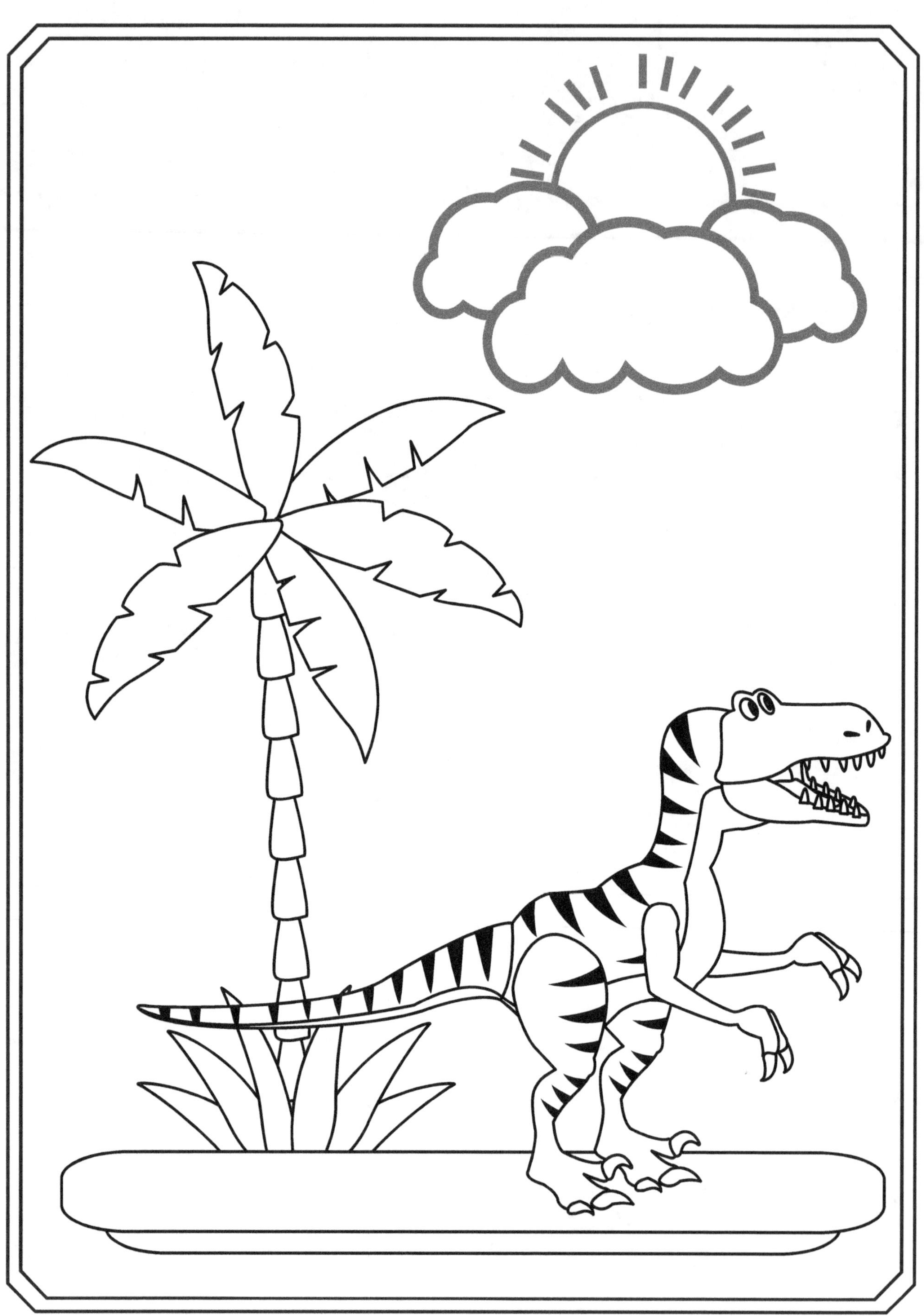

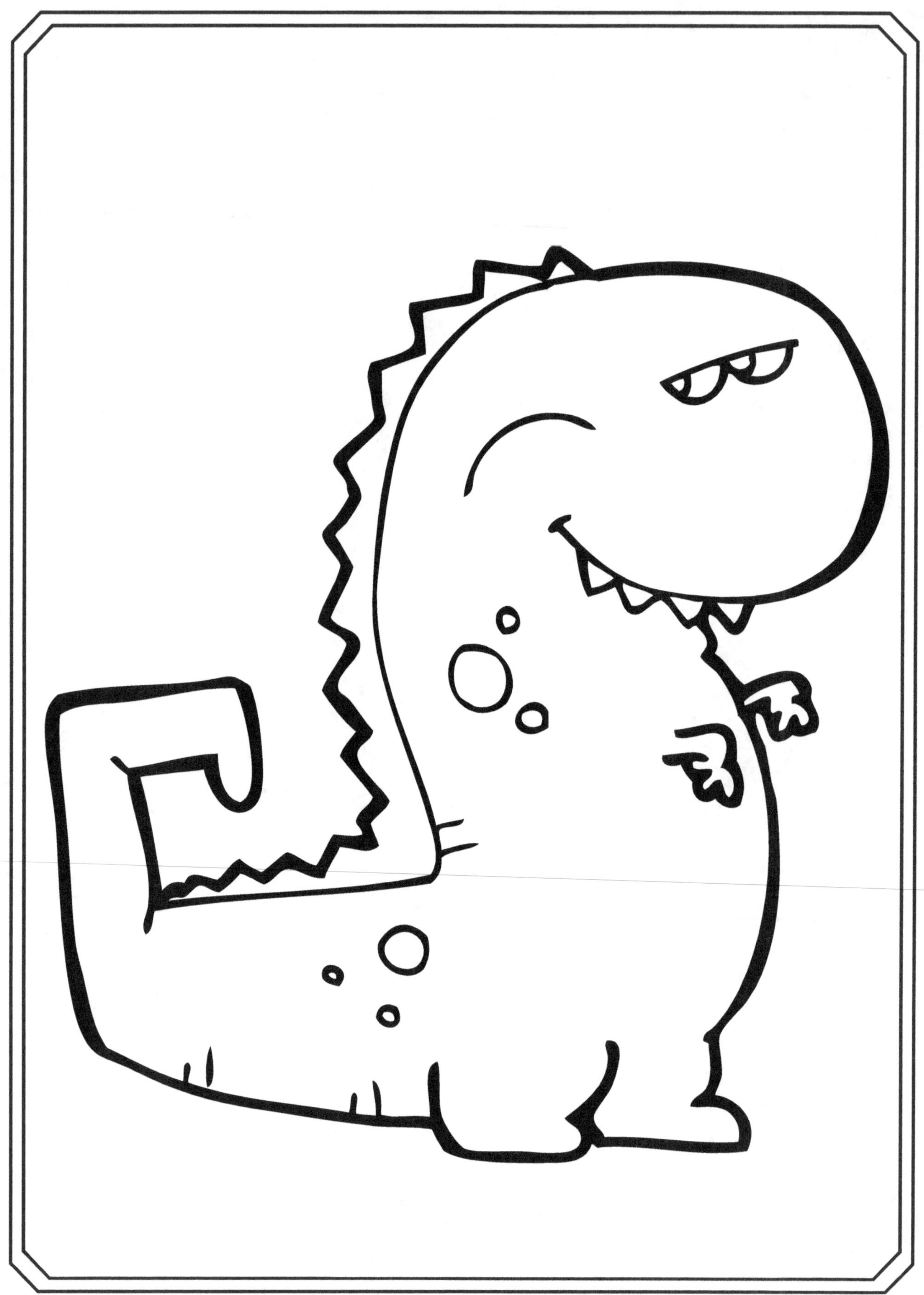

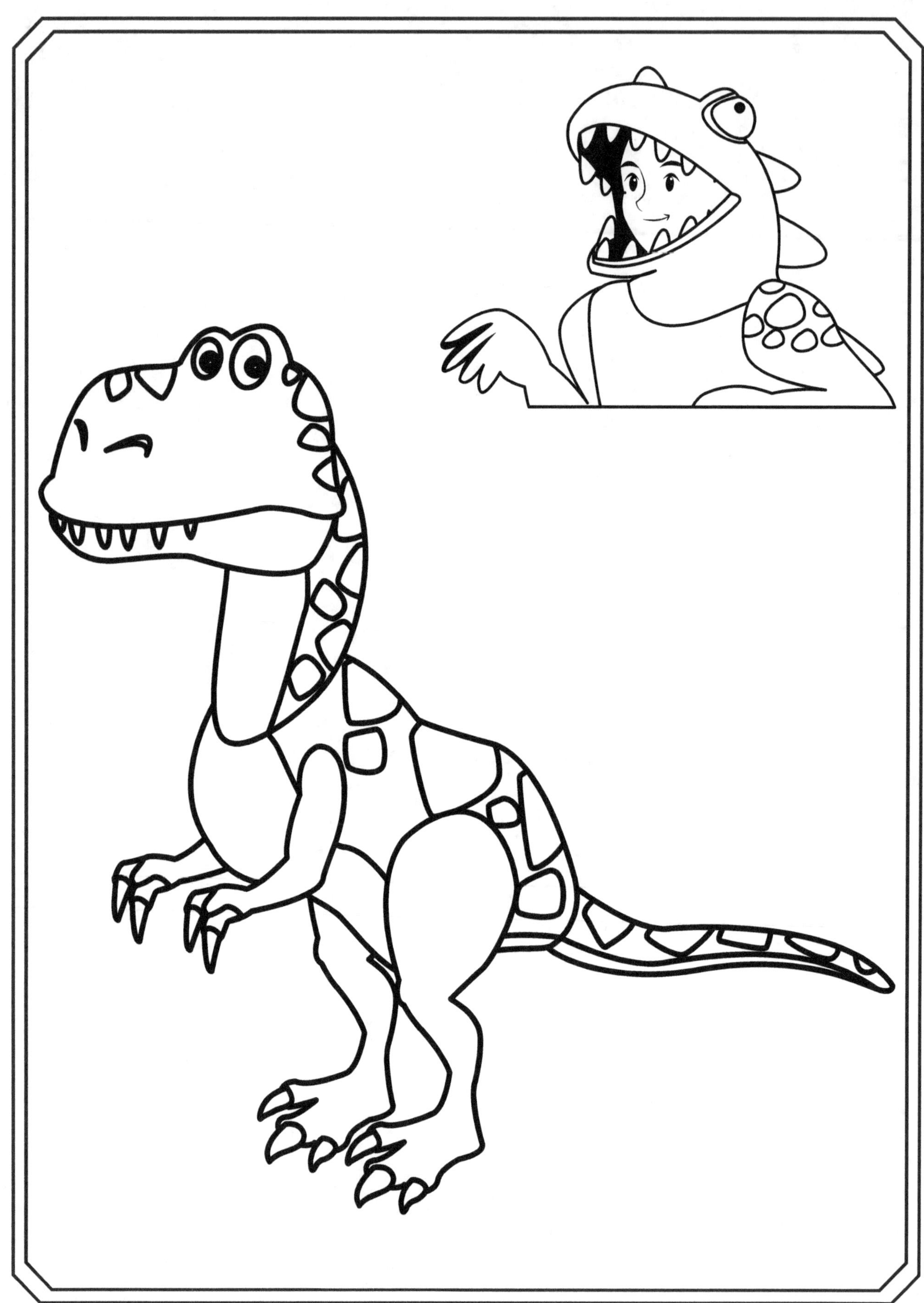

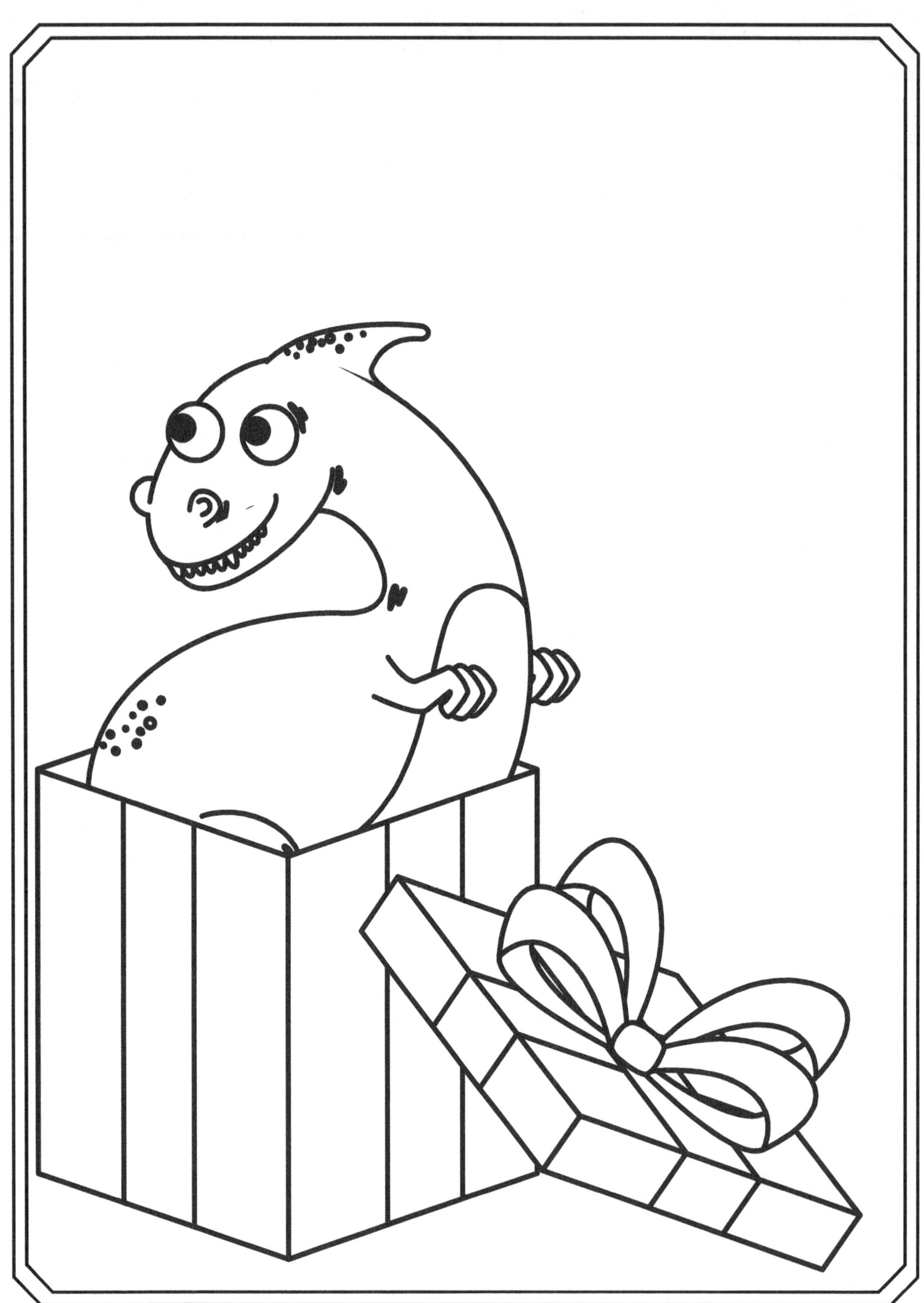

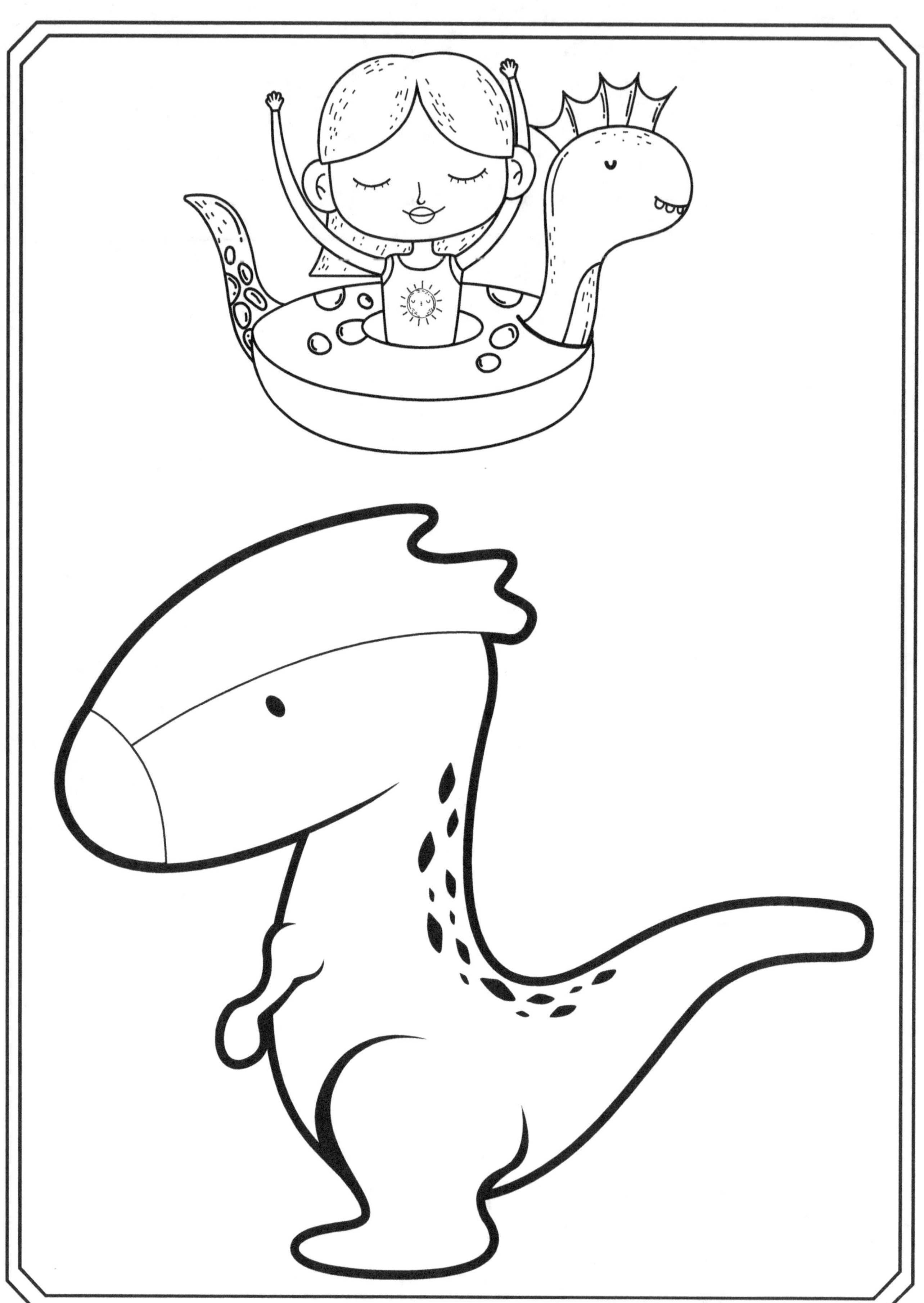

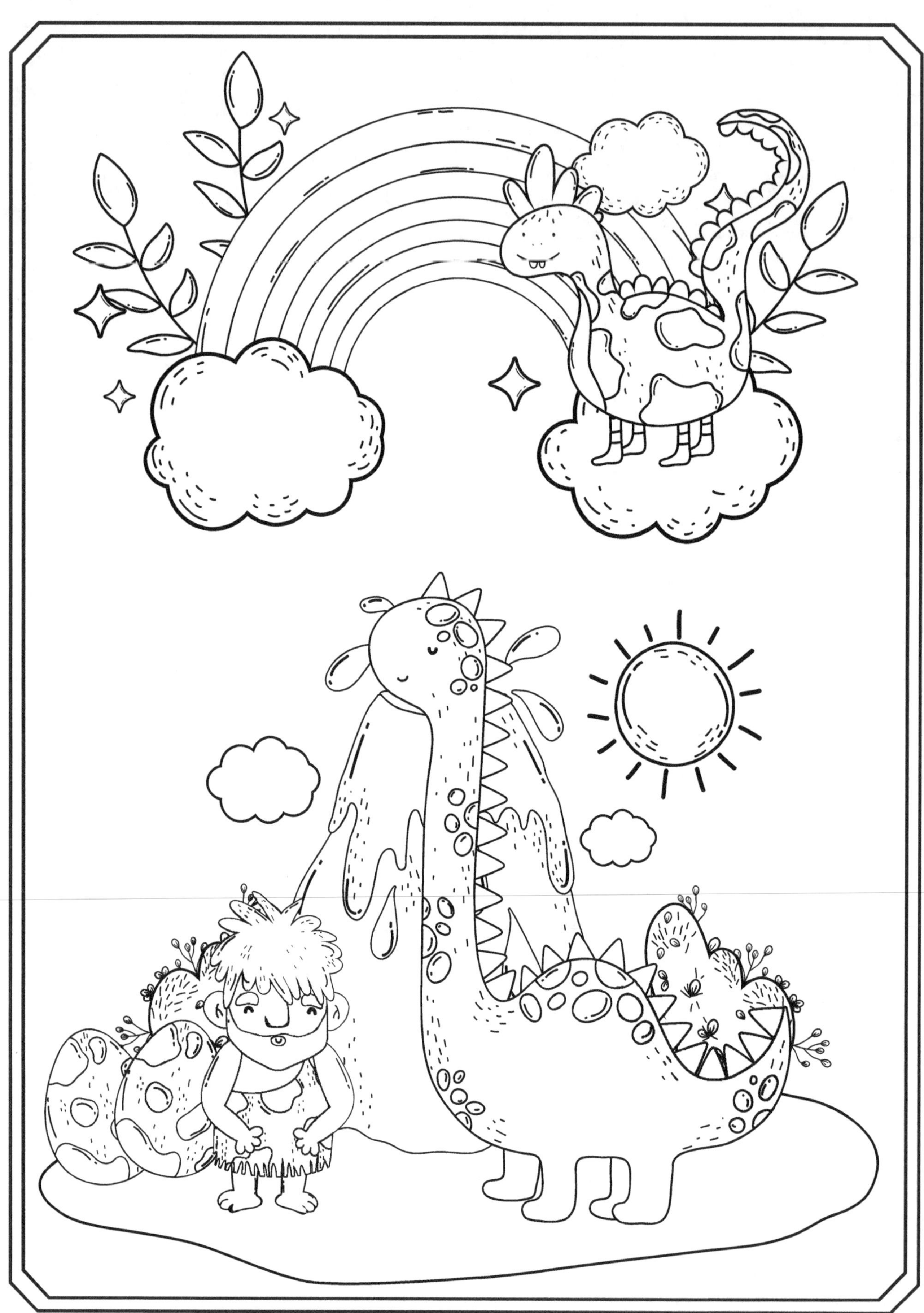

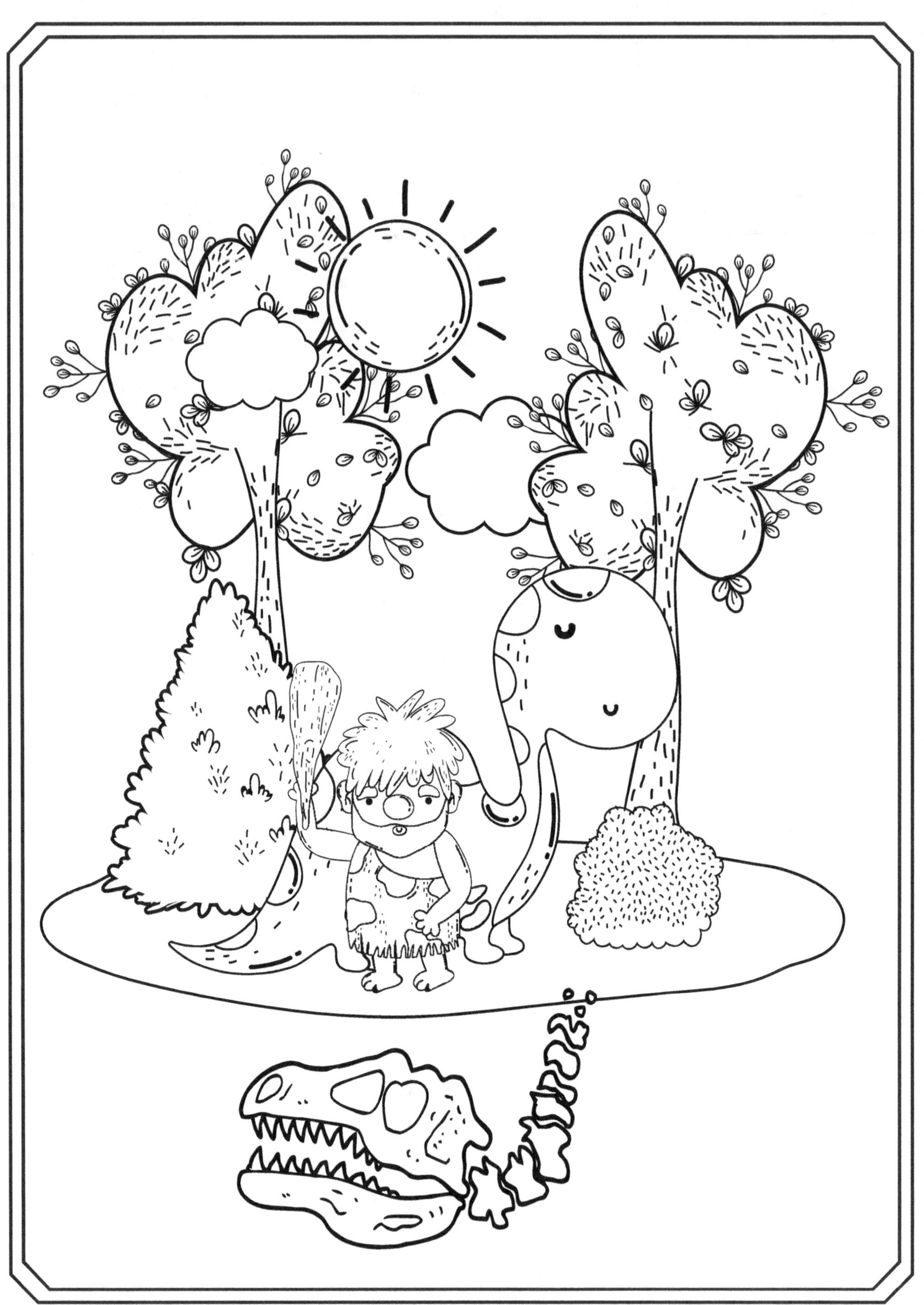

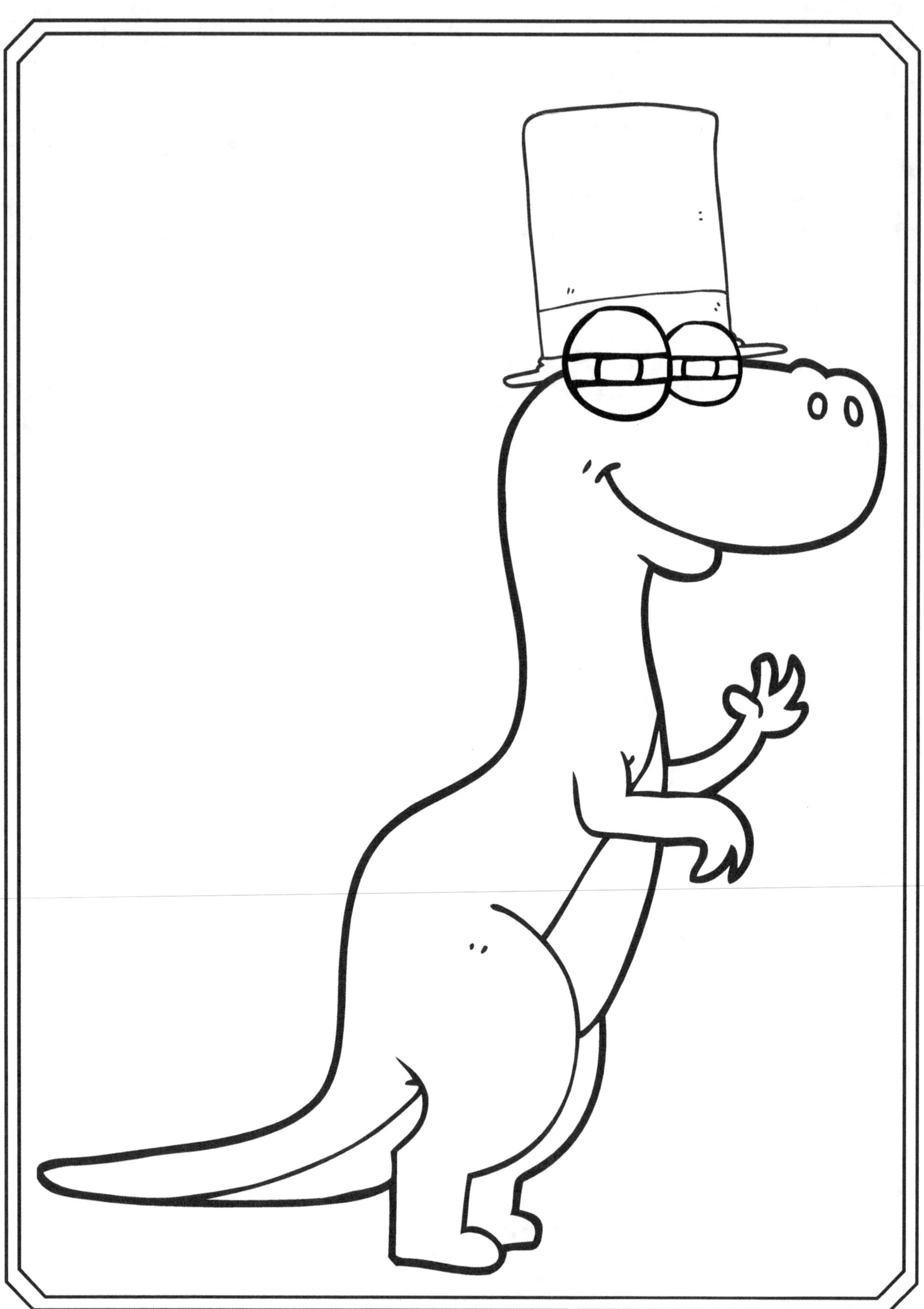

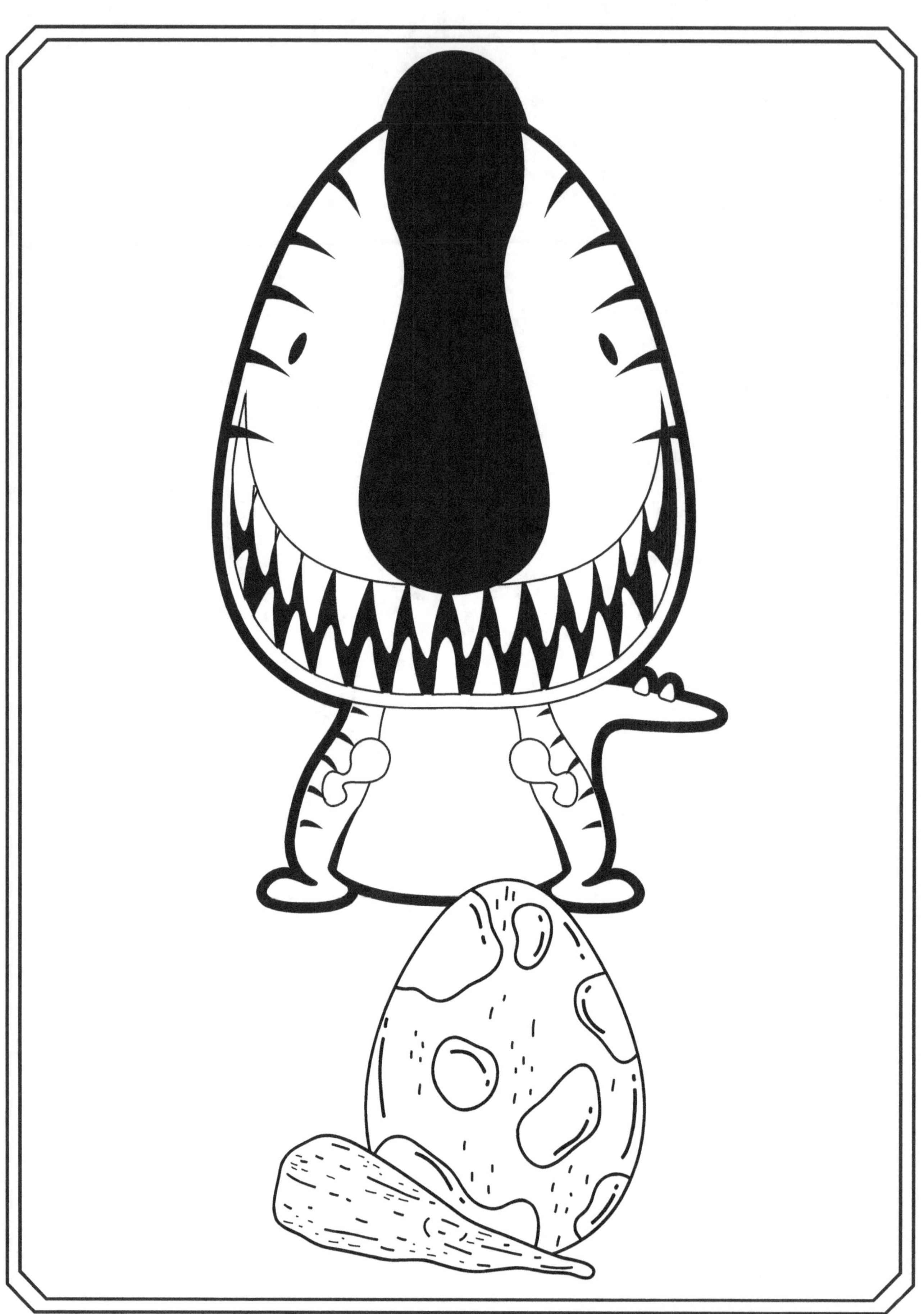

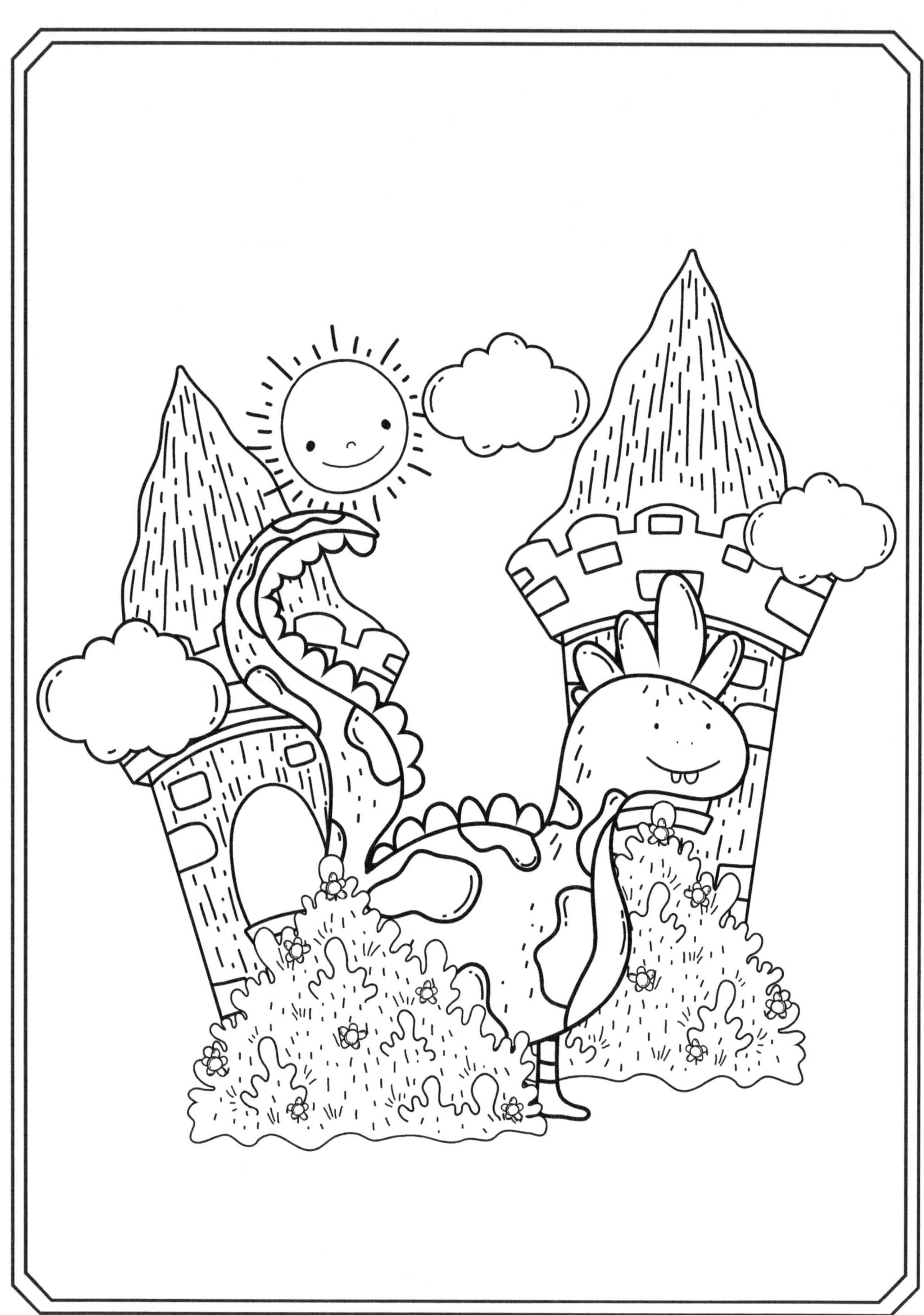

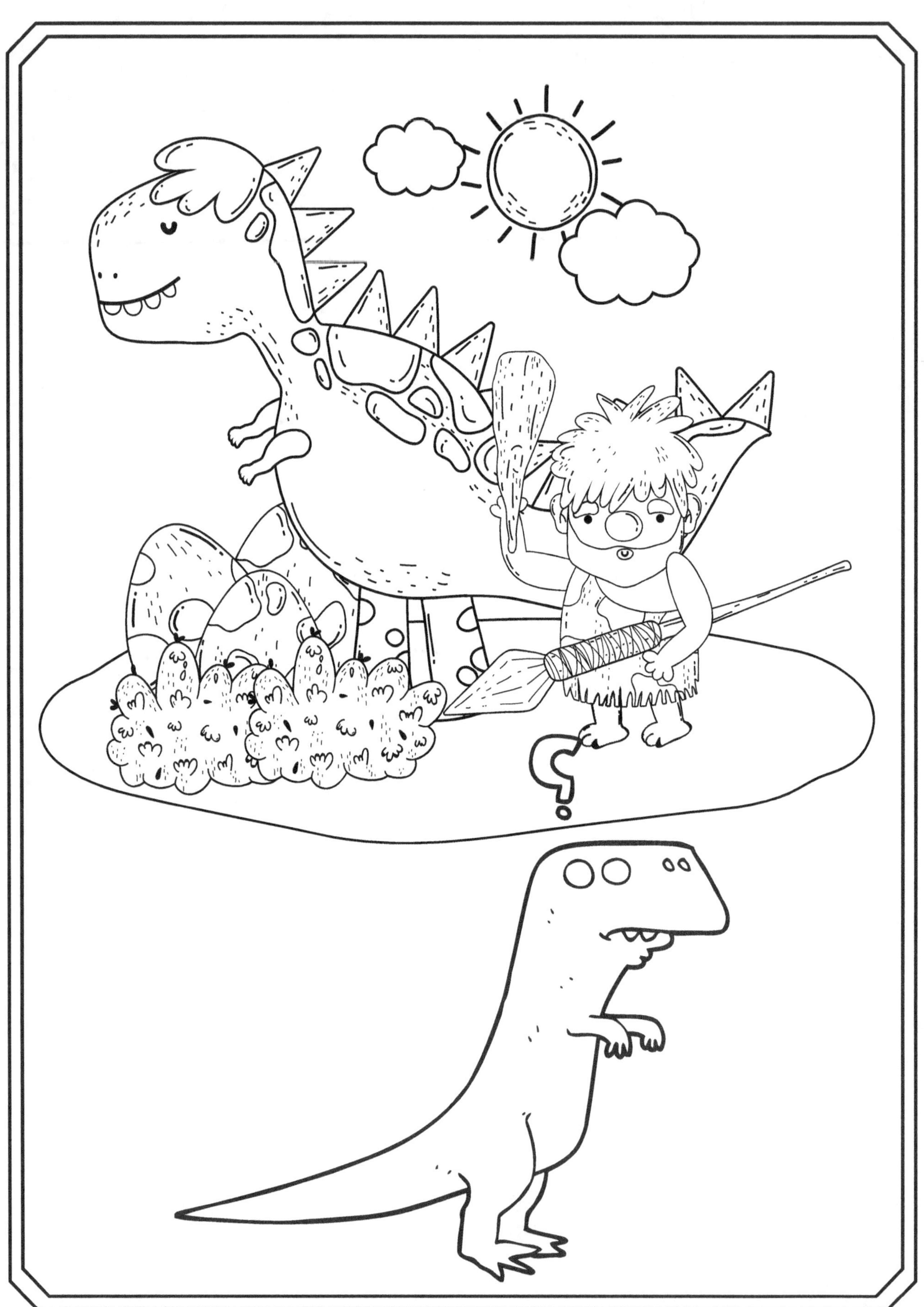

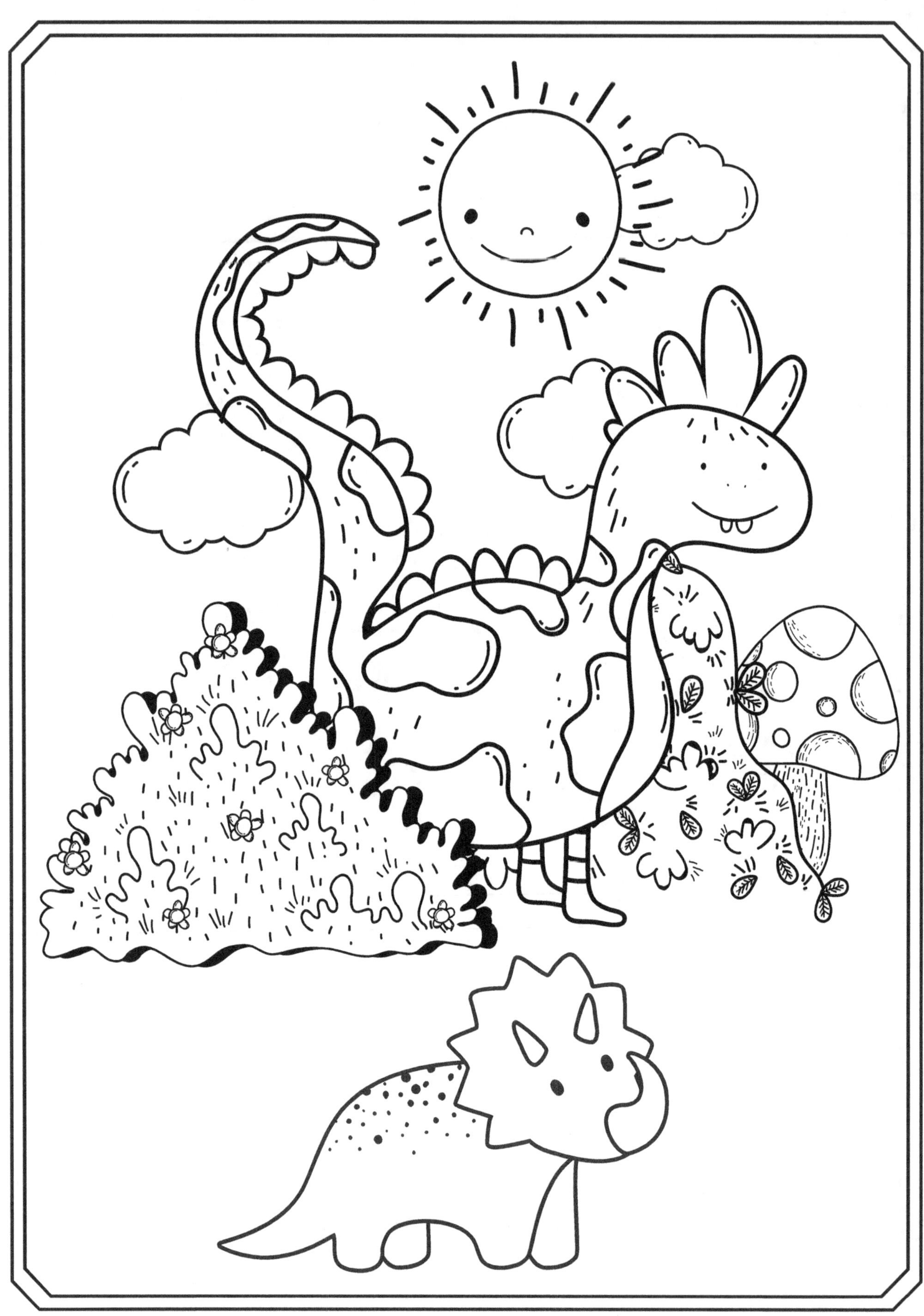

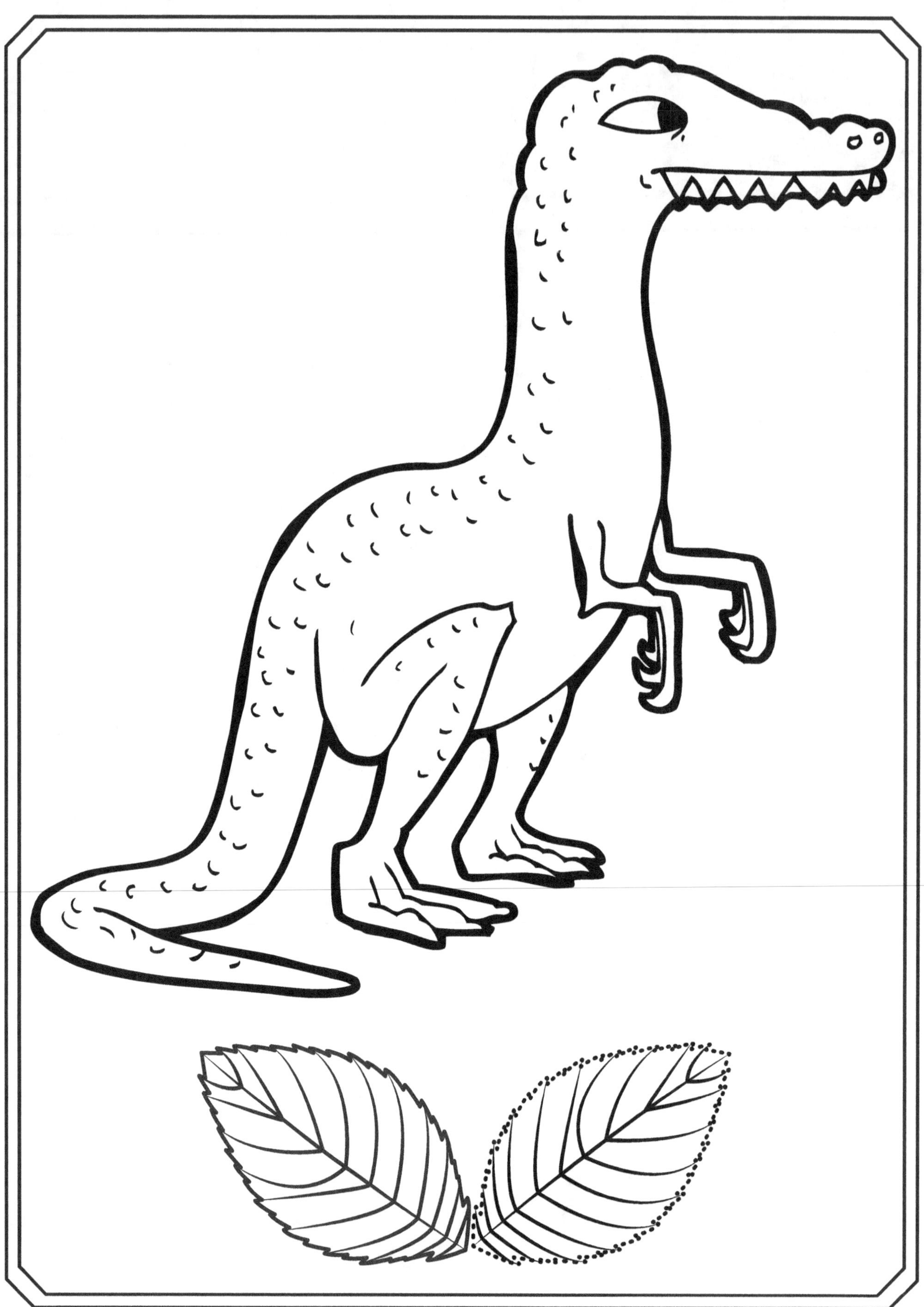

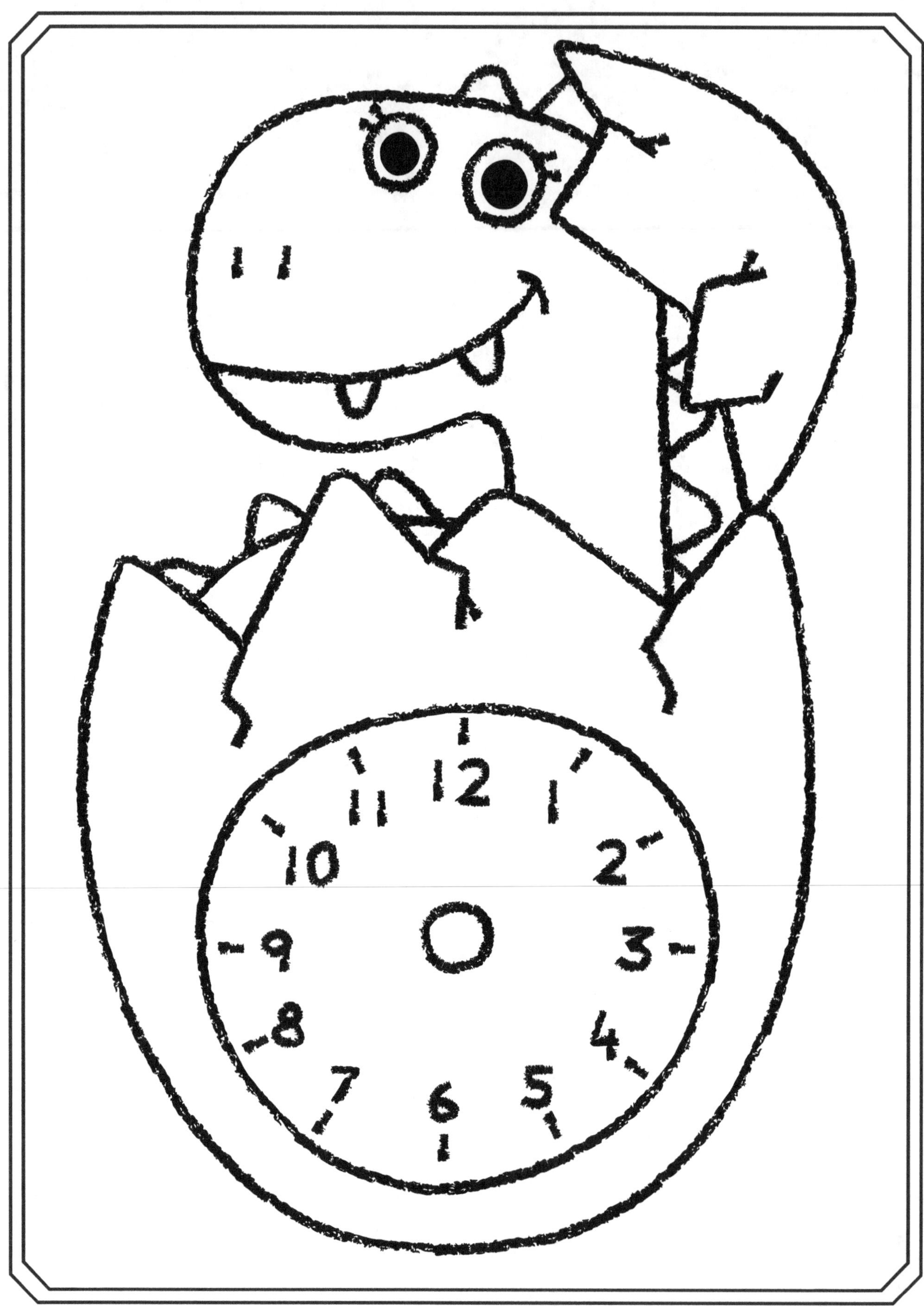

11
12
1
10
2
9
3
8
4
7
6
5

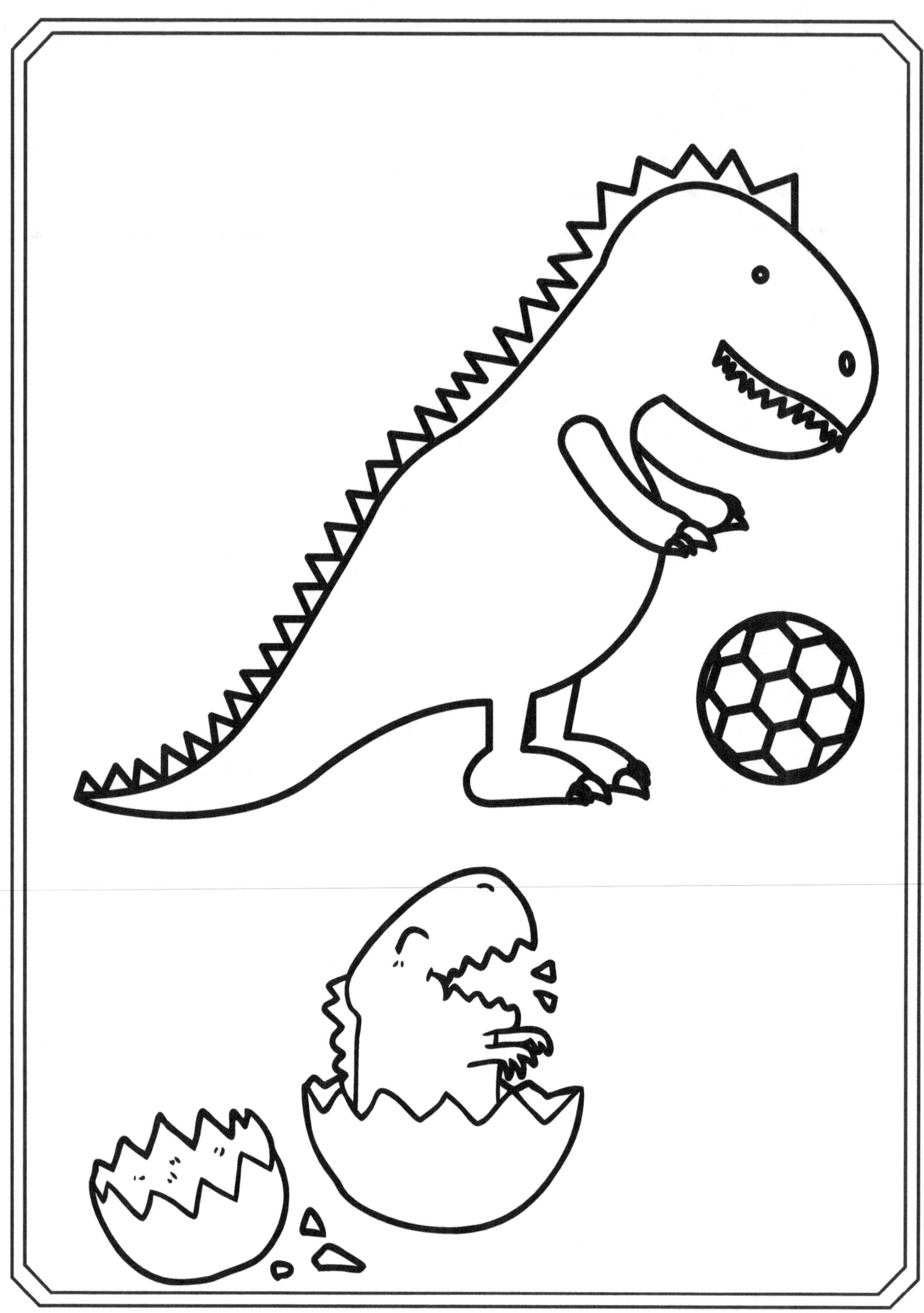

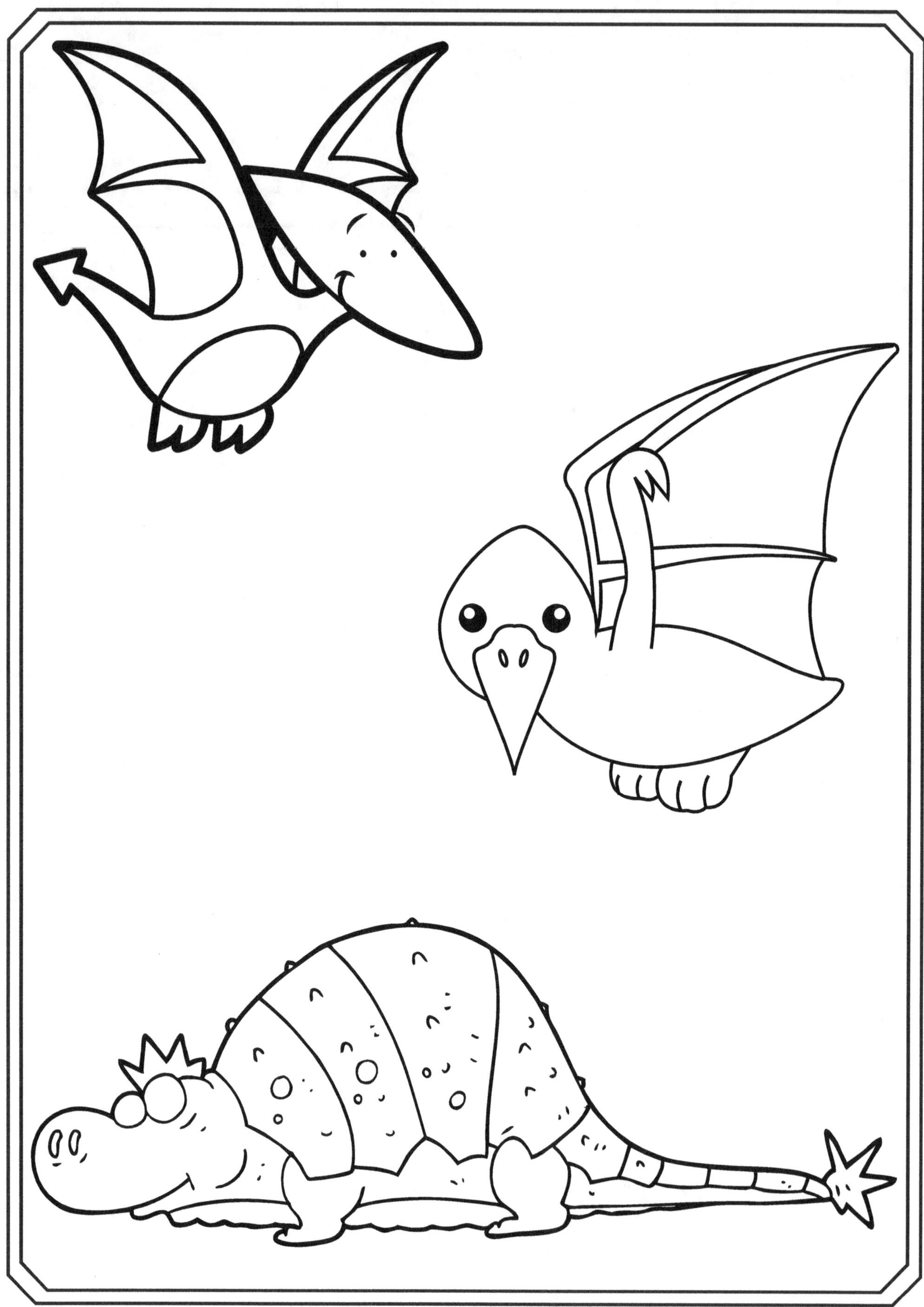

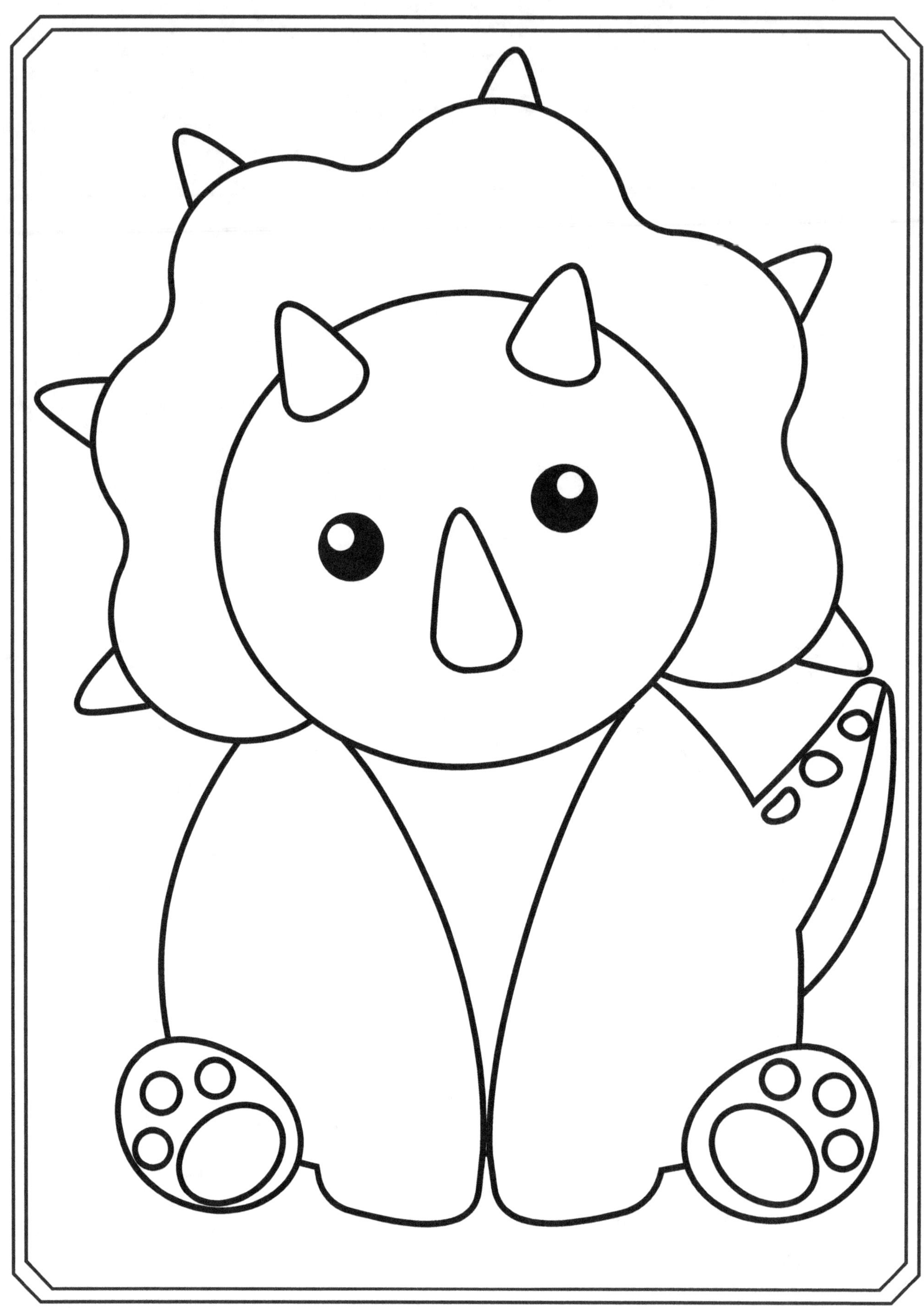

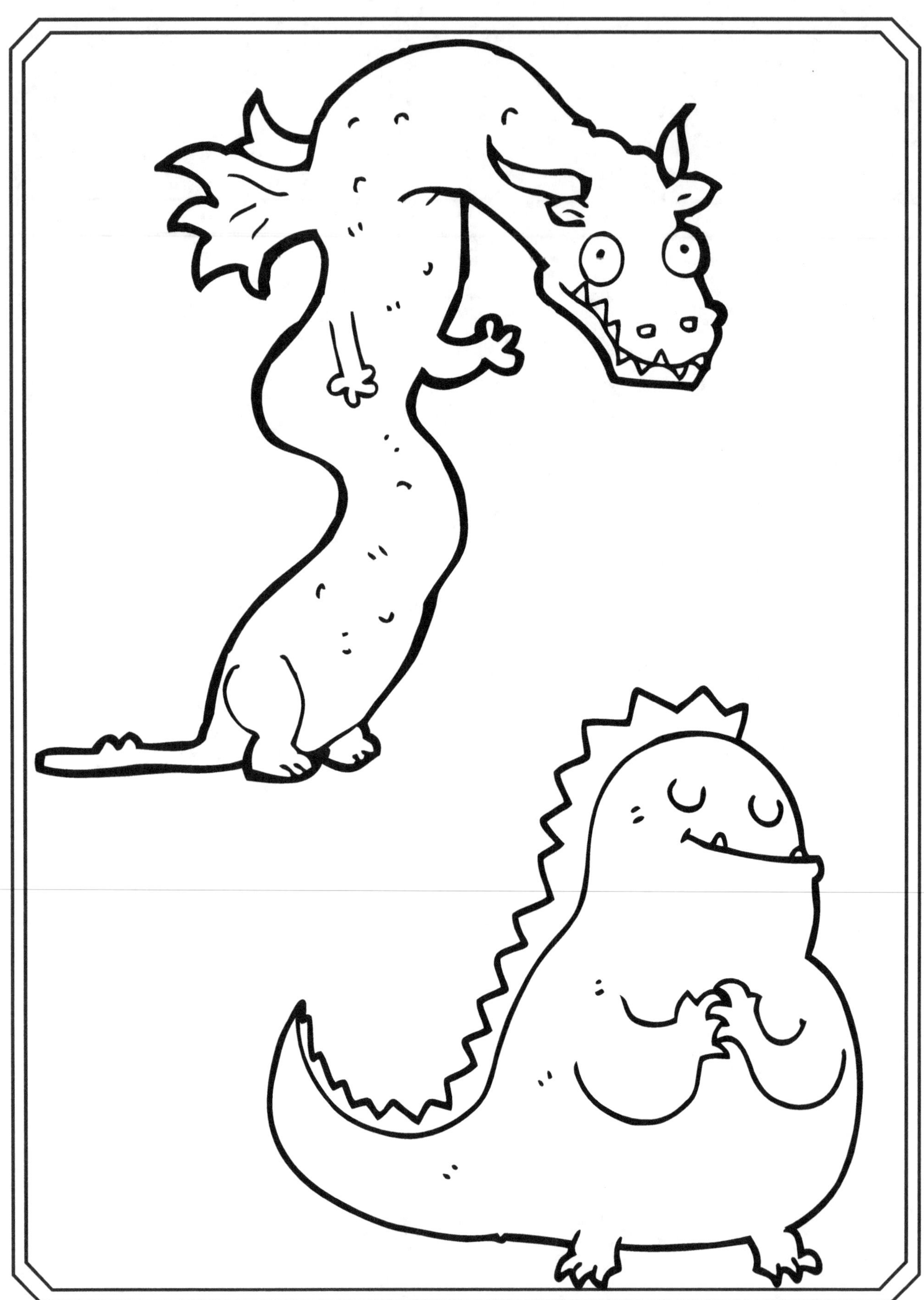

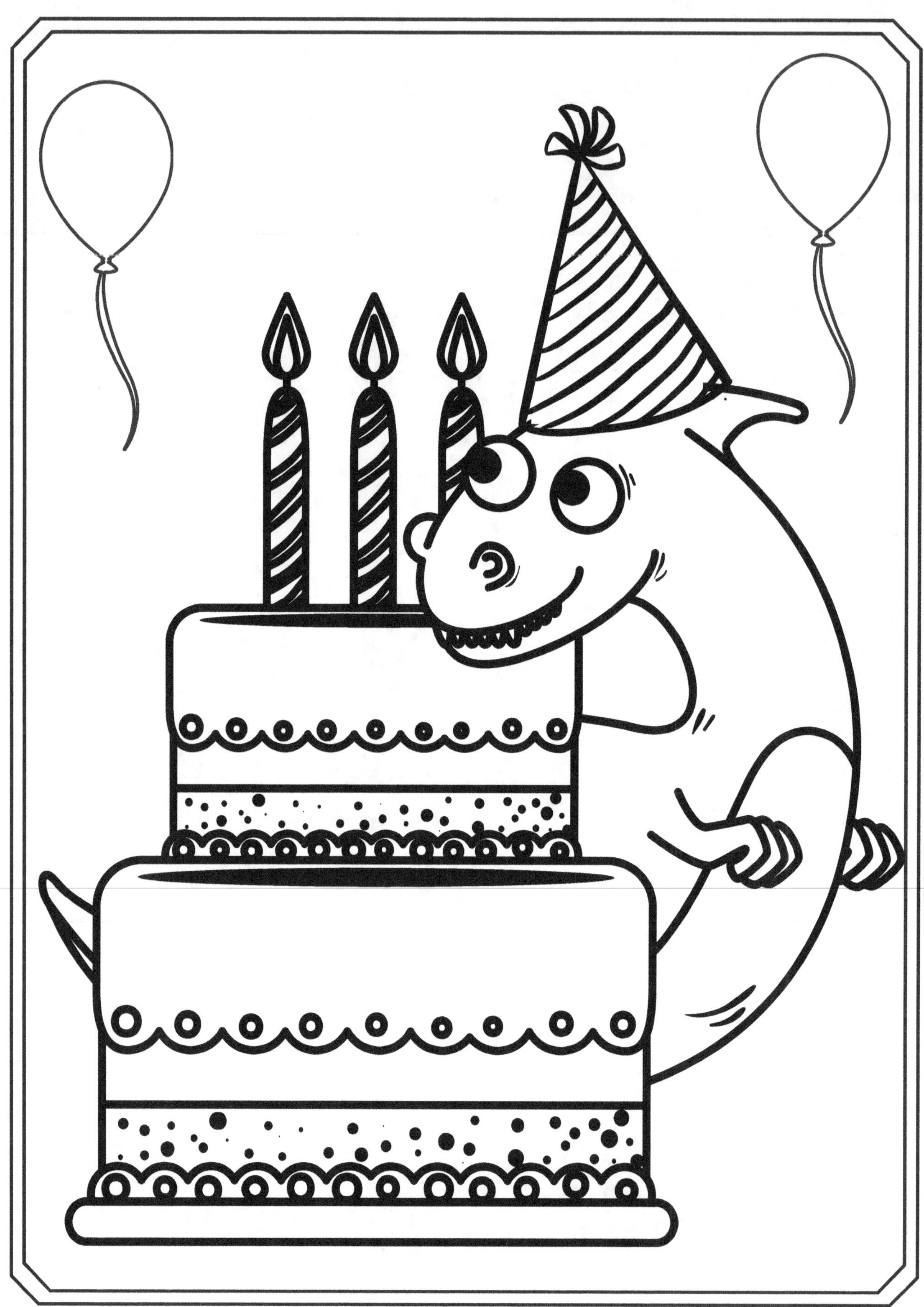

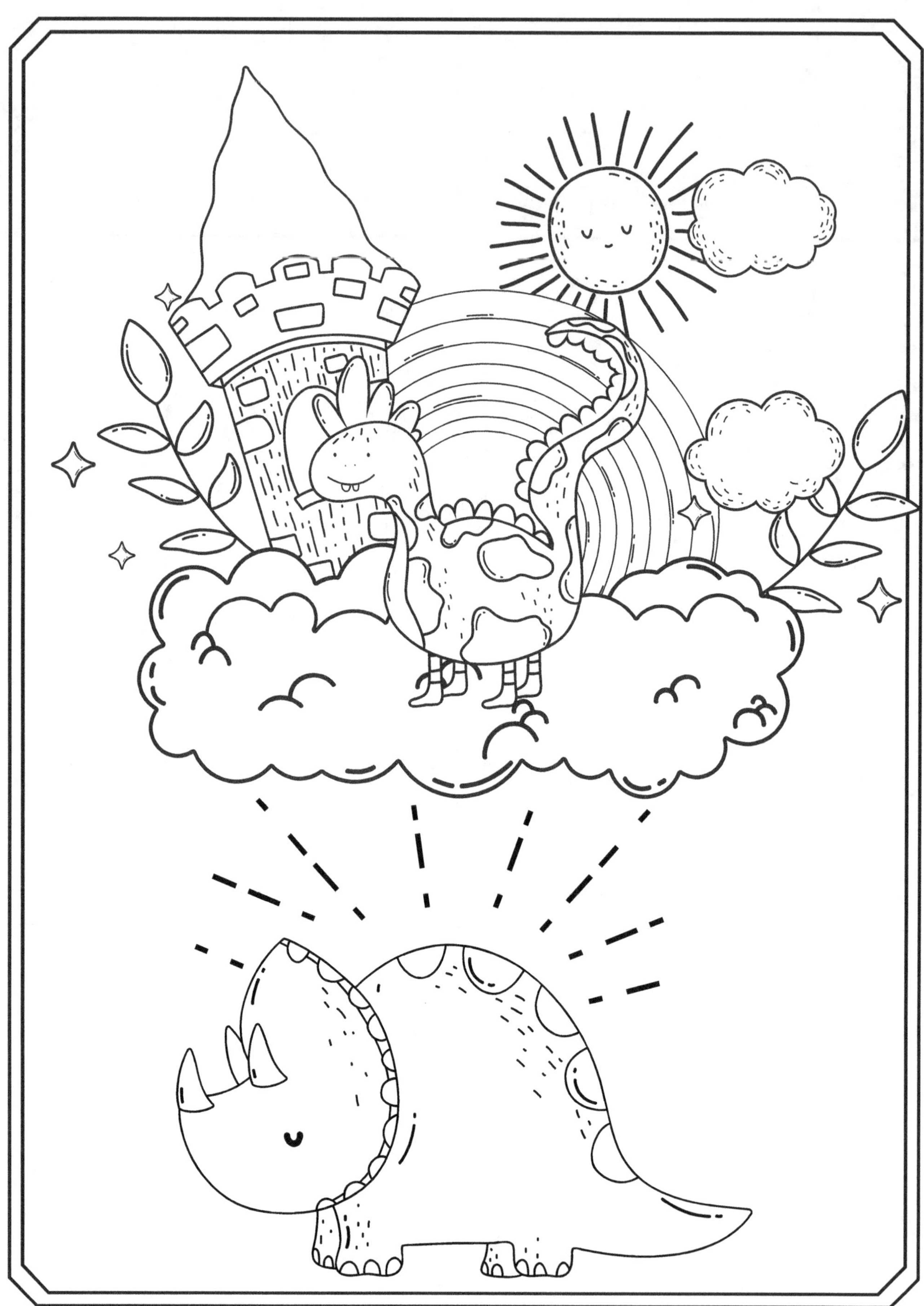

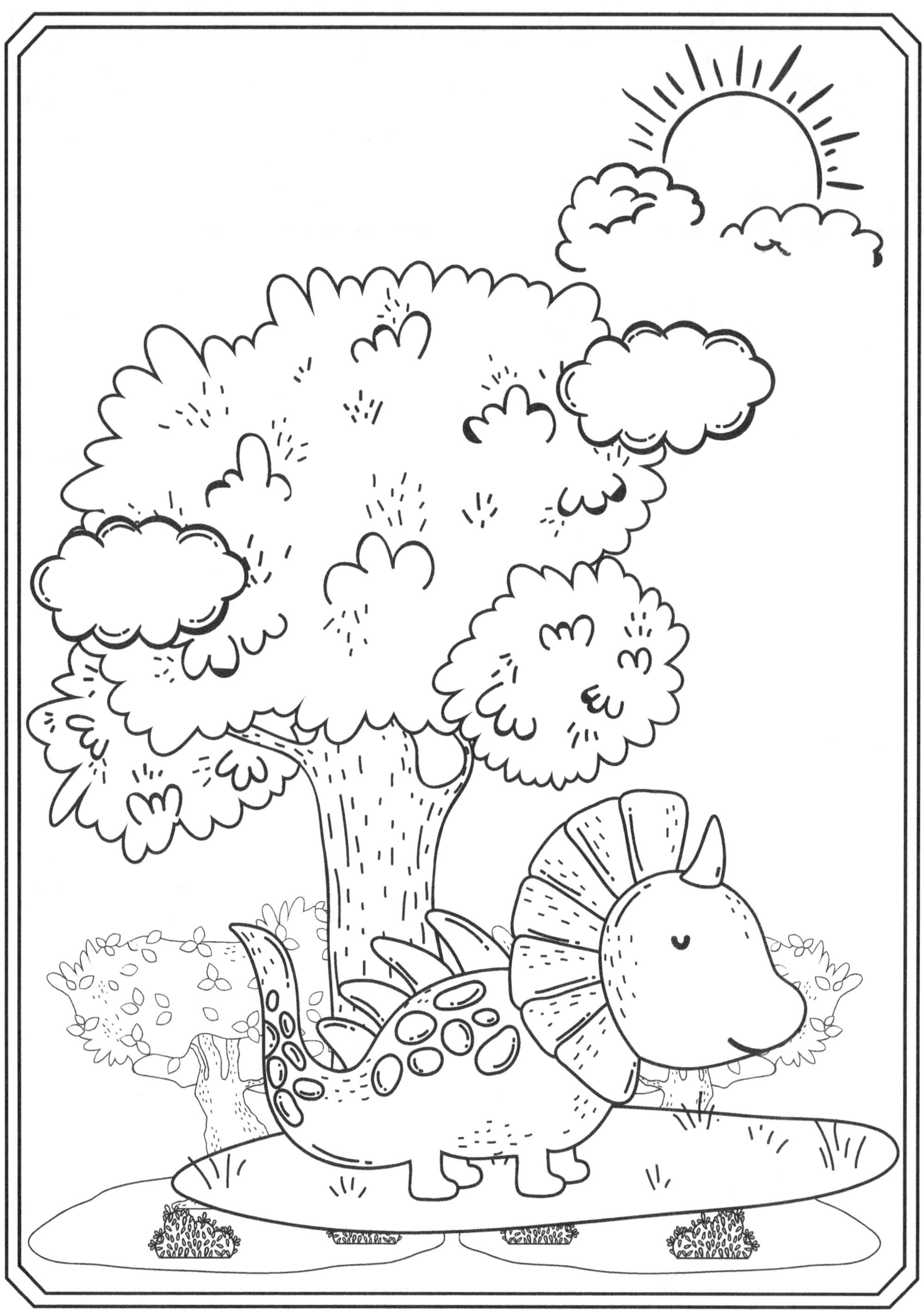

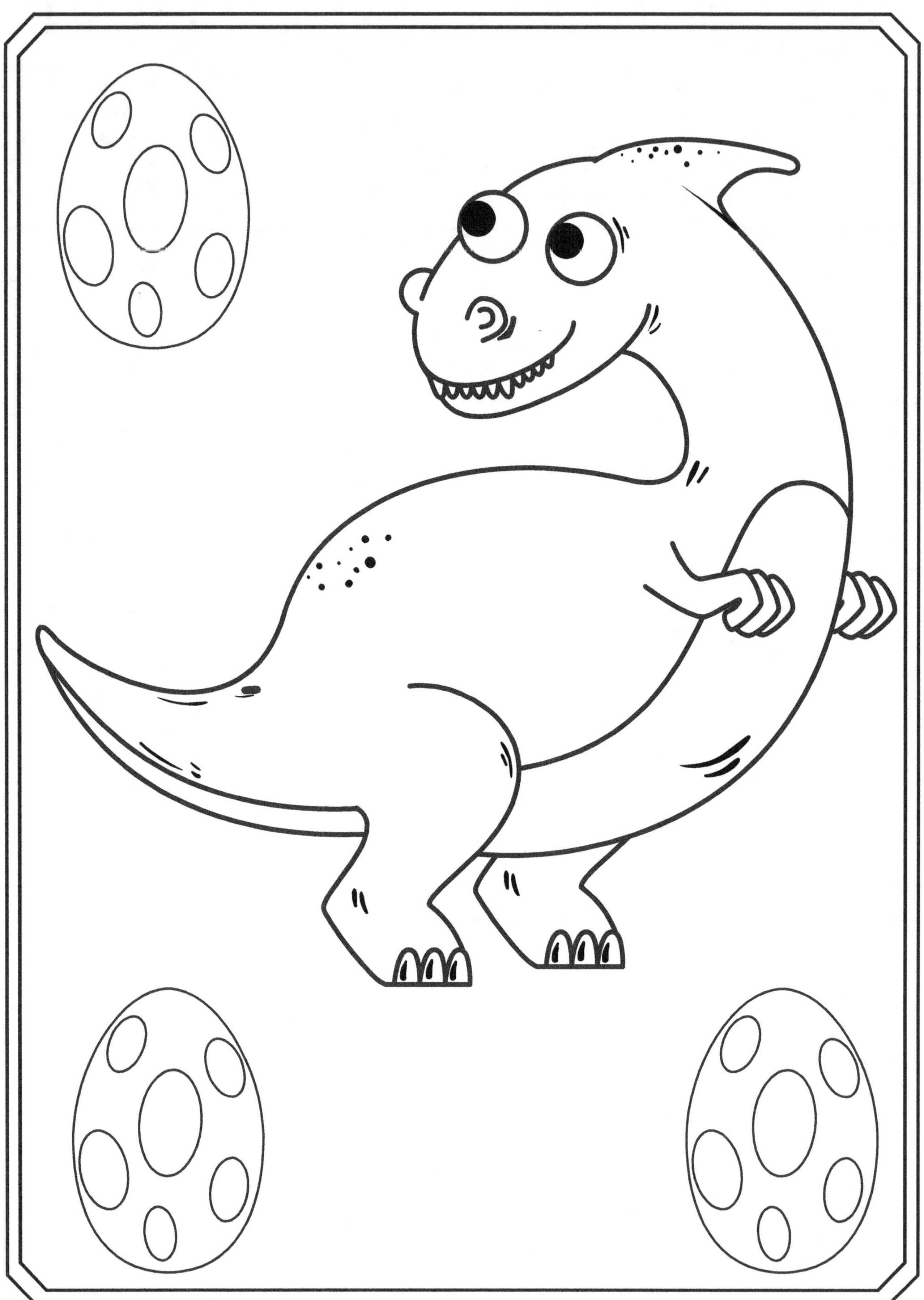

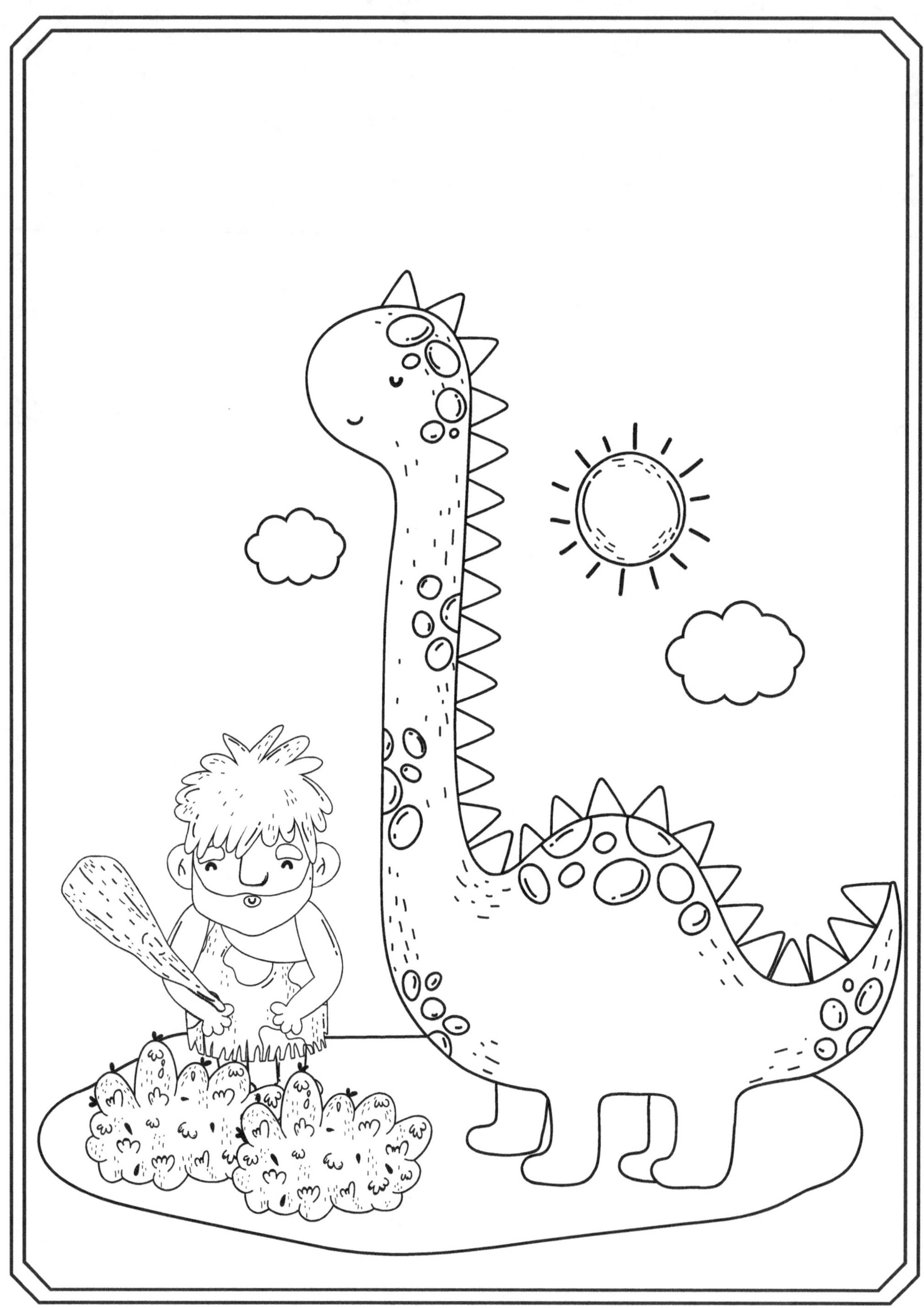

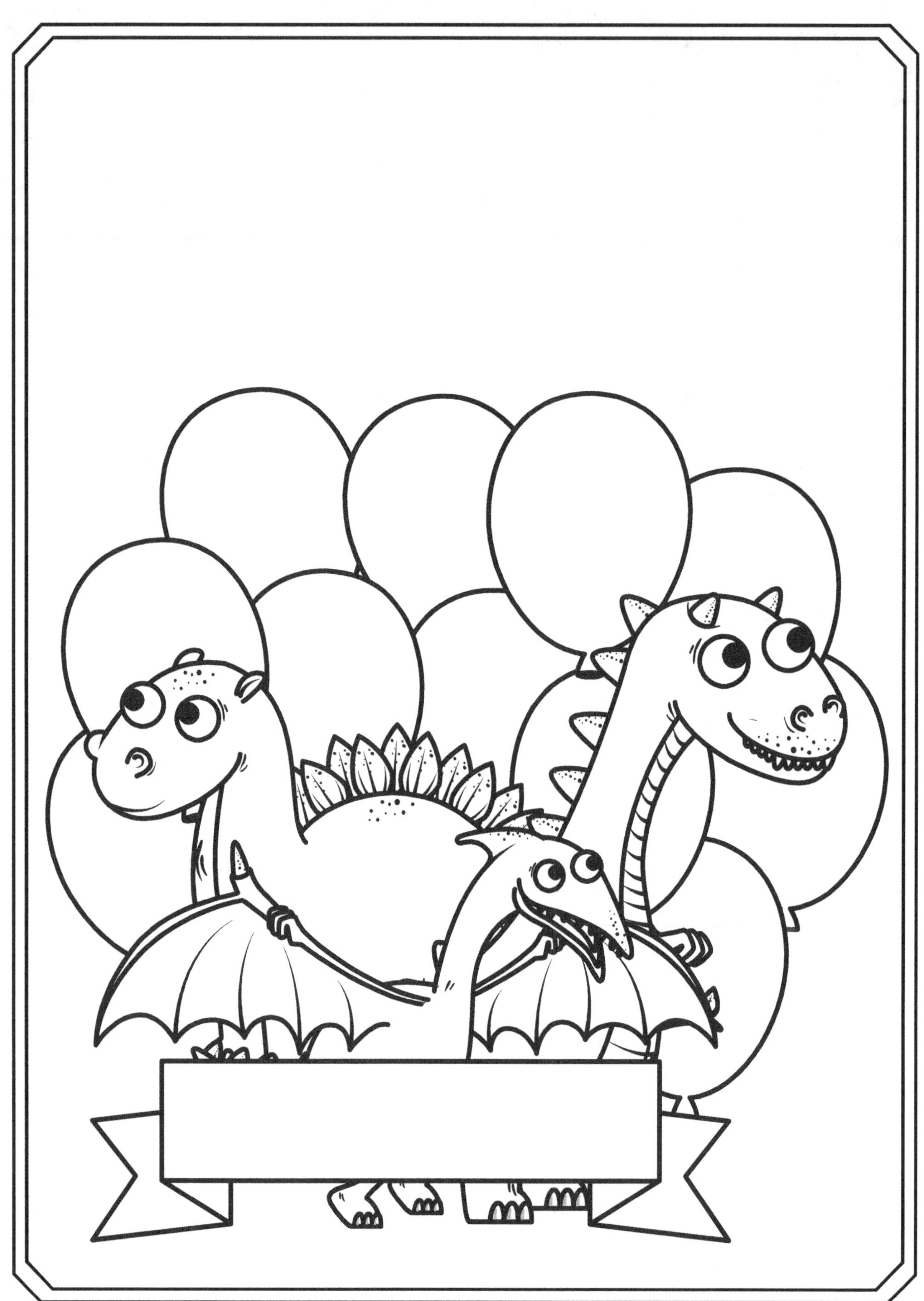

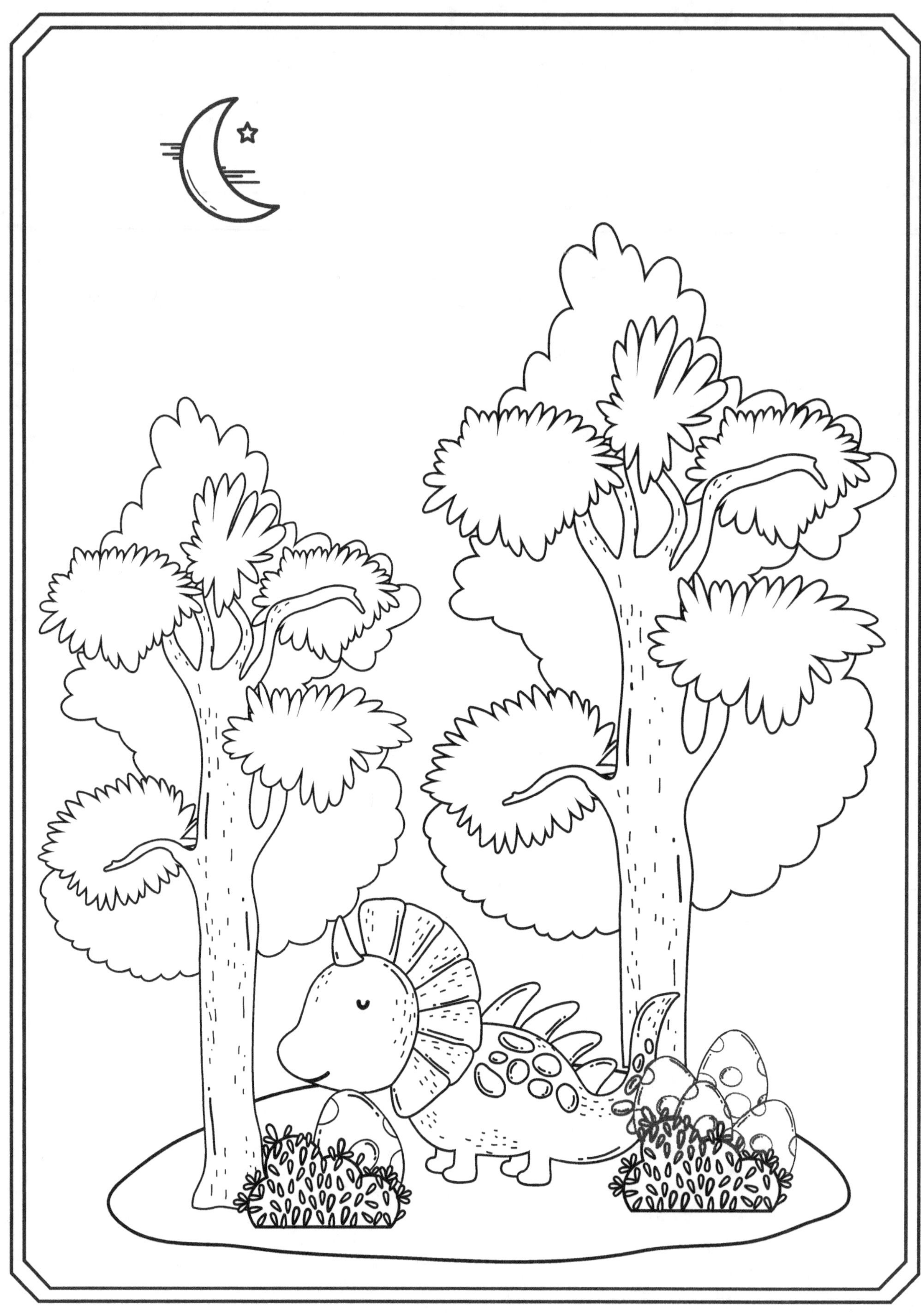

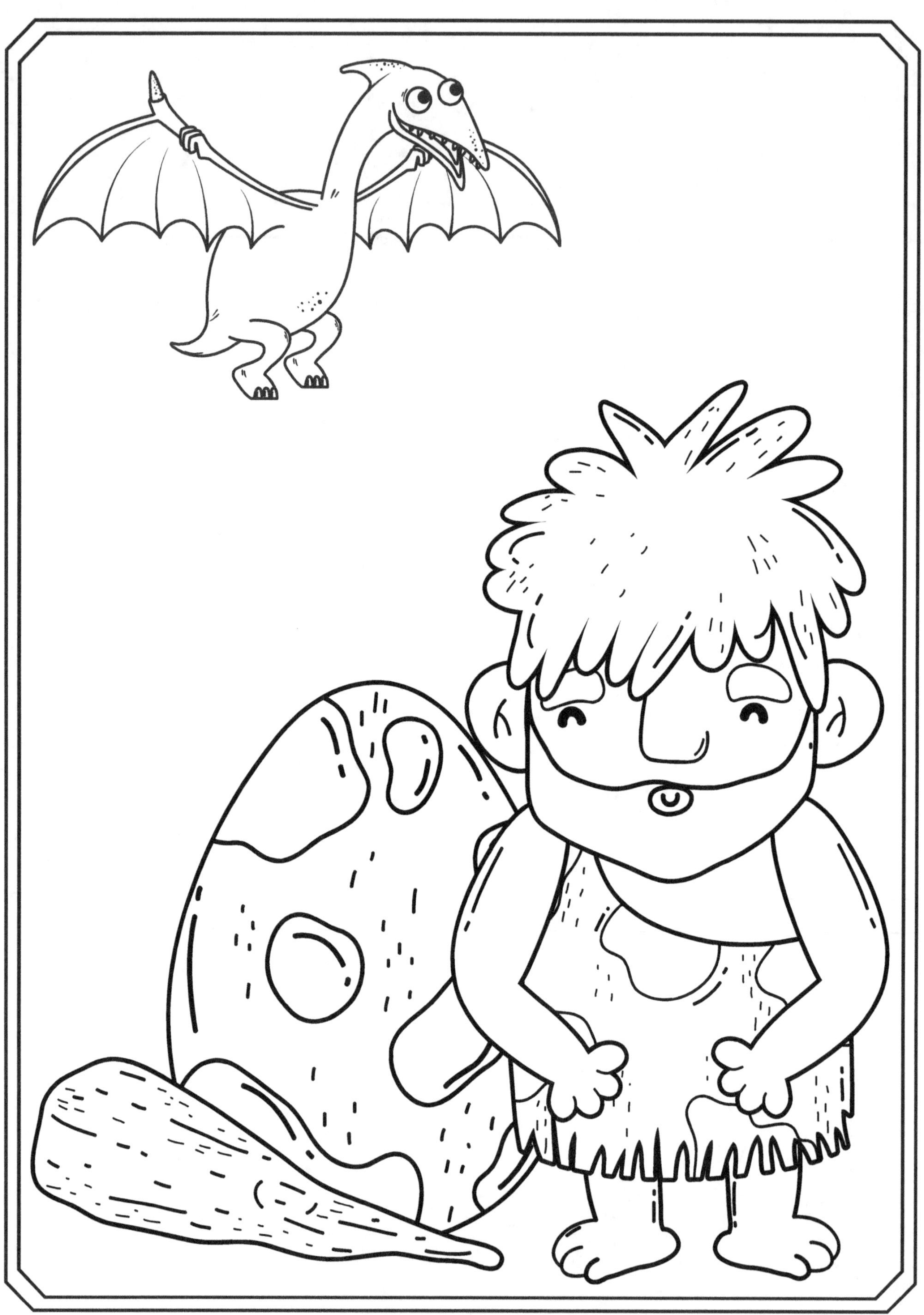

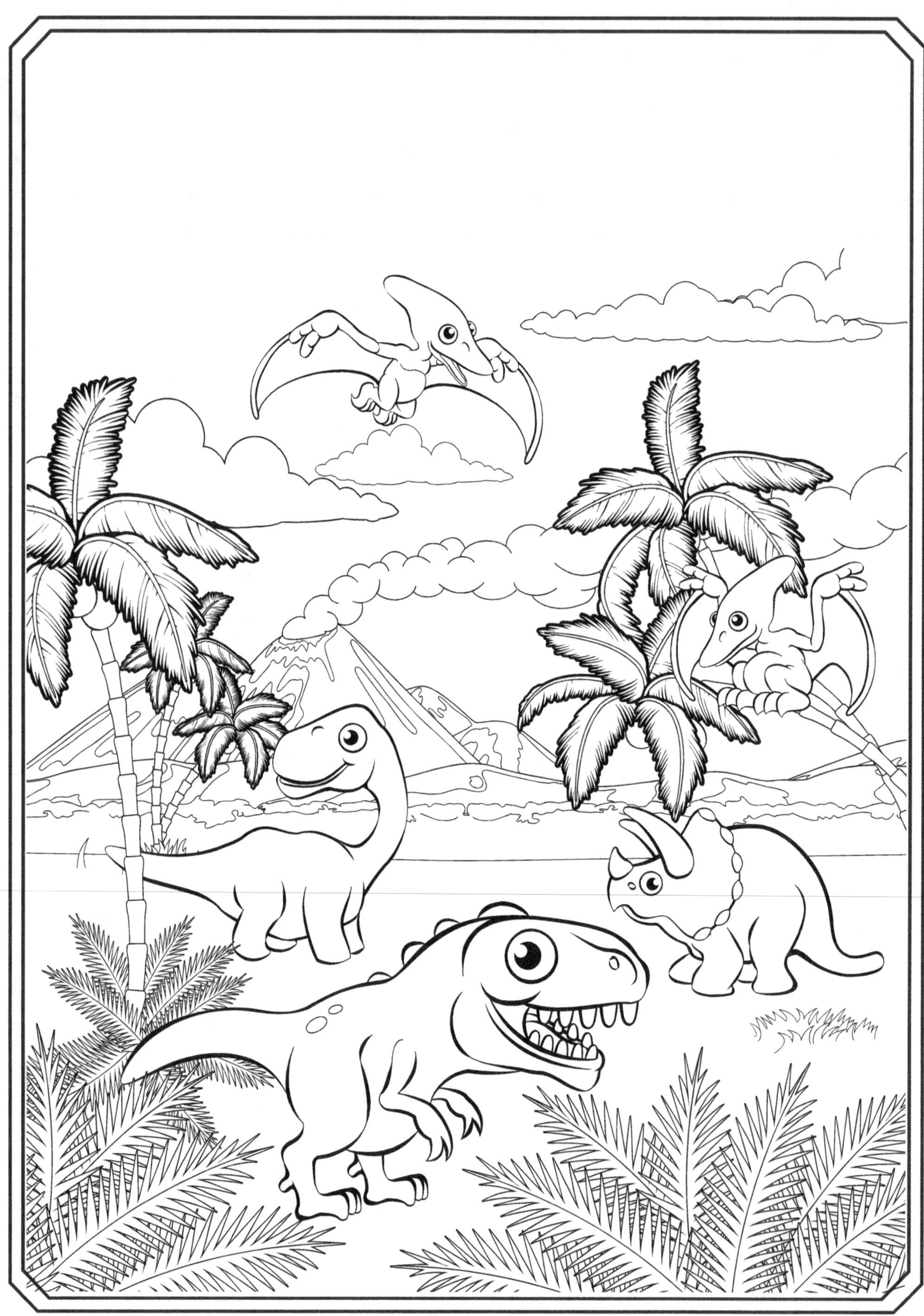

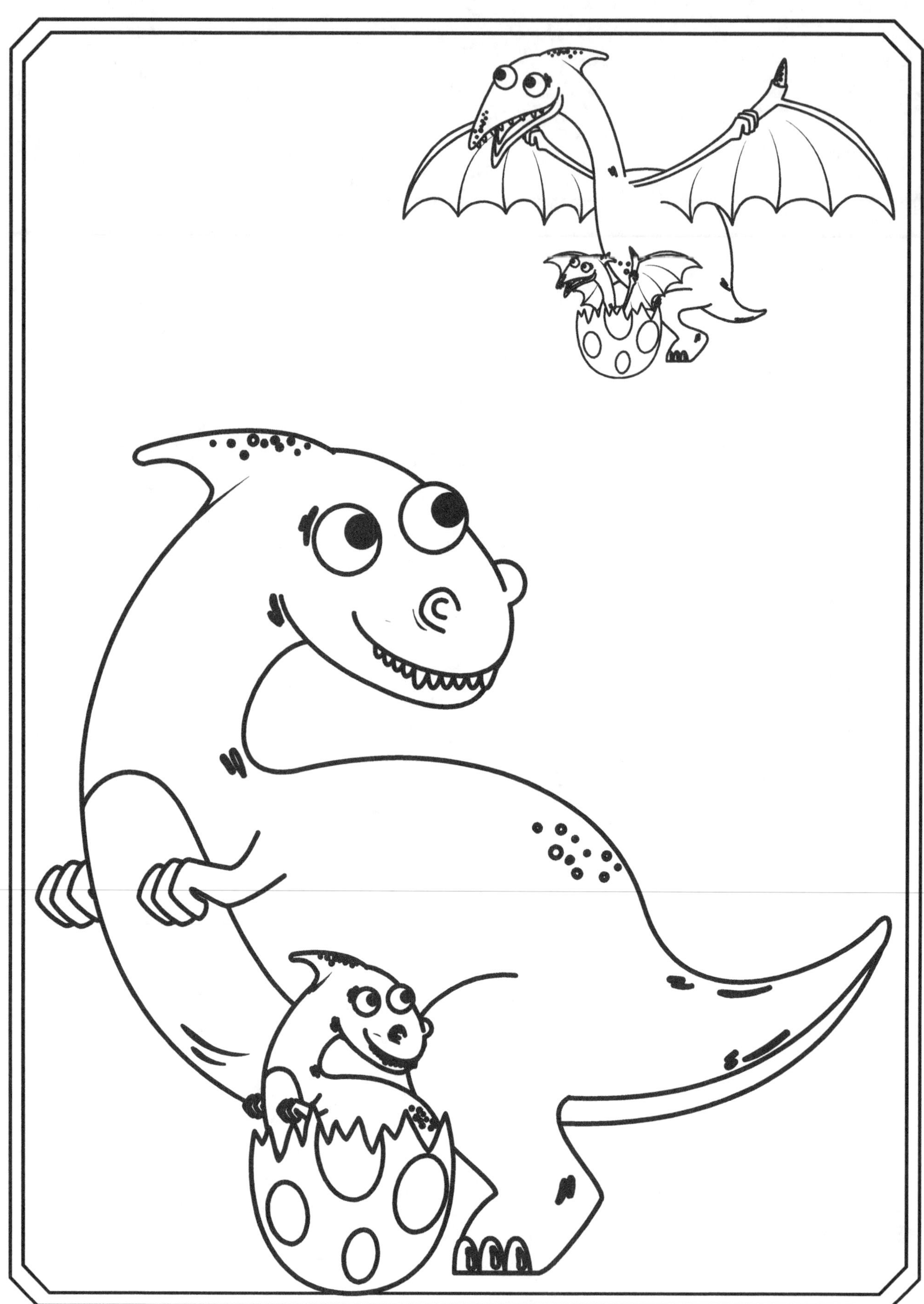

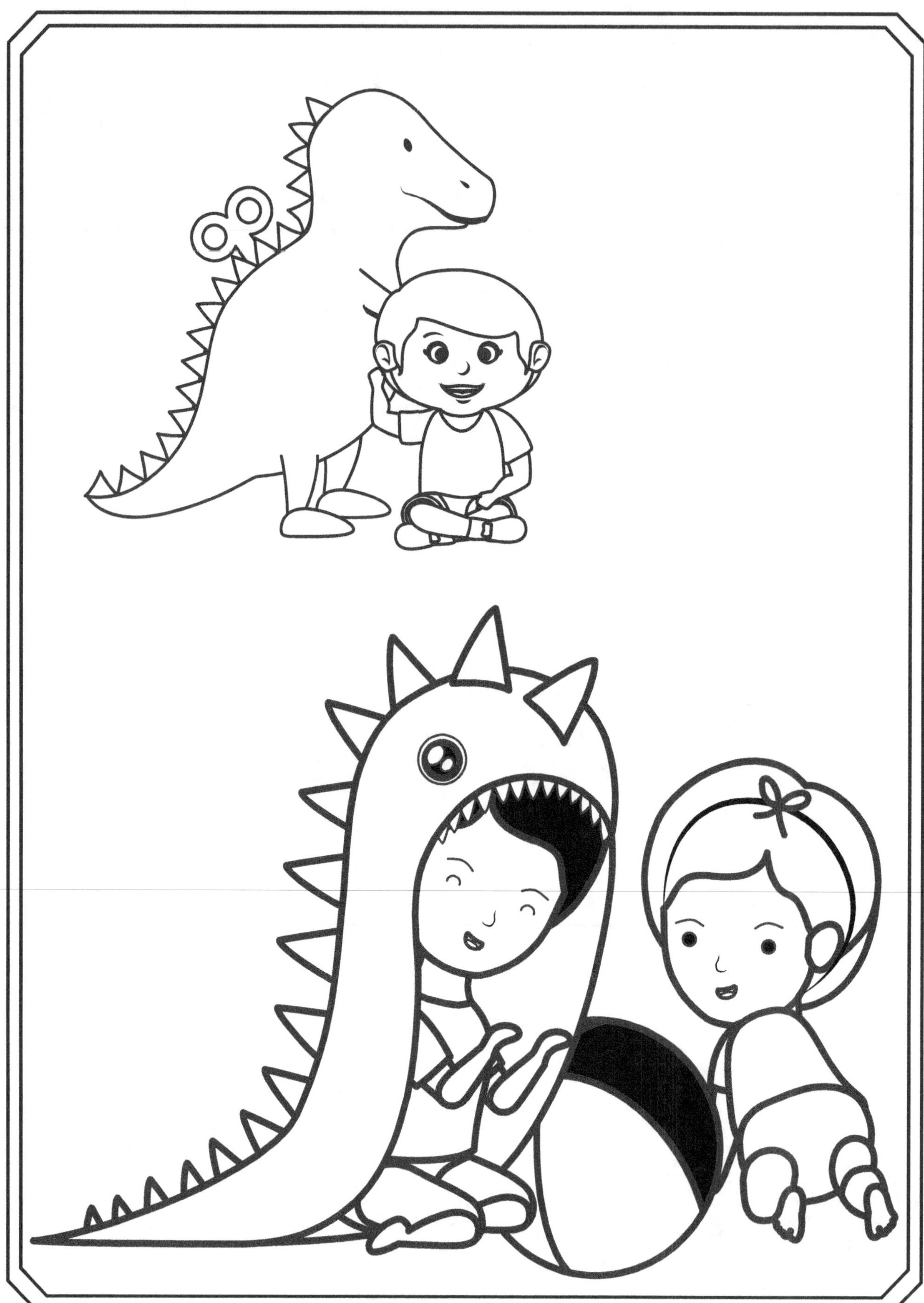

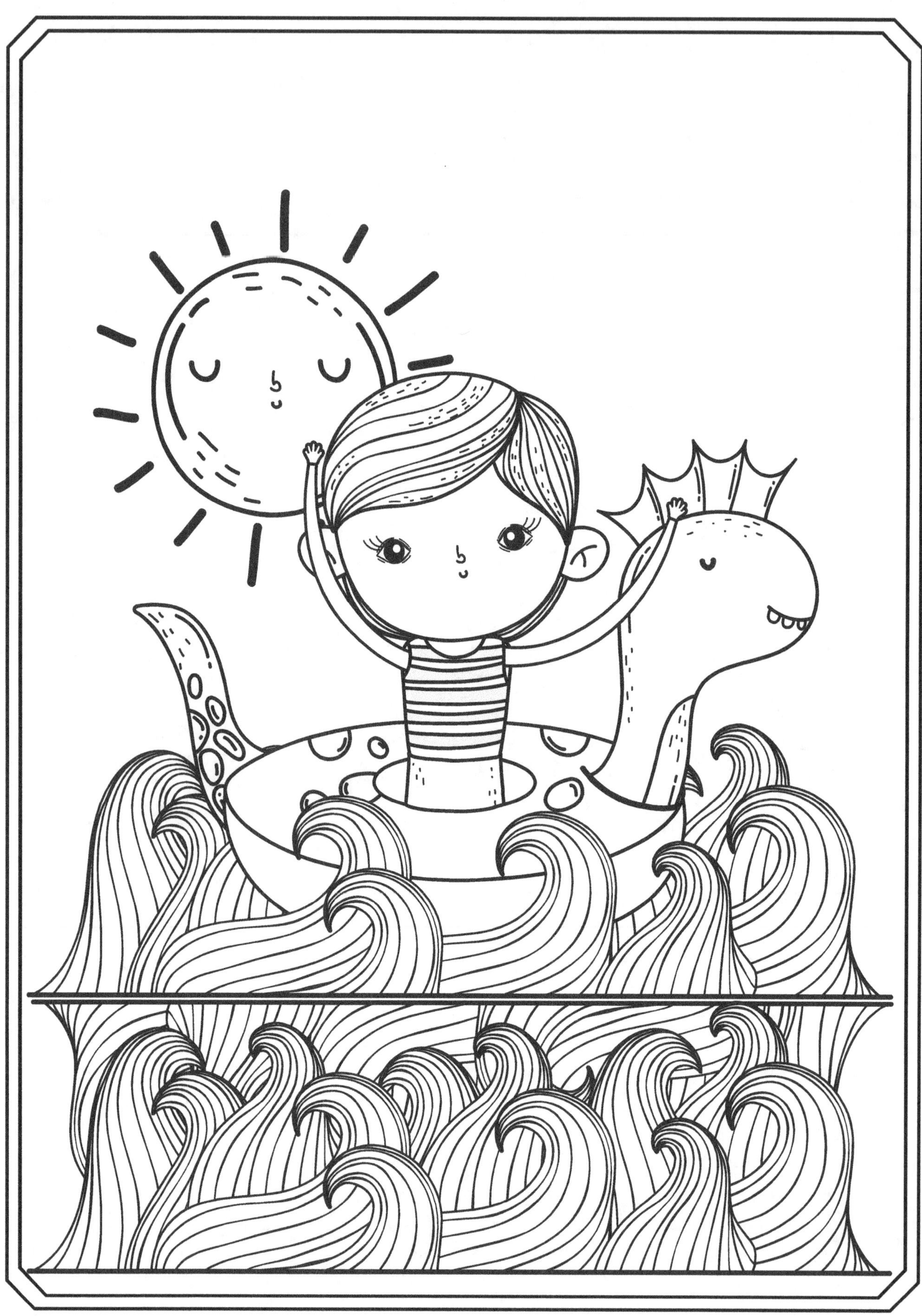

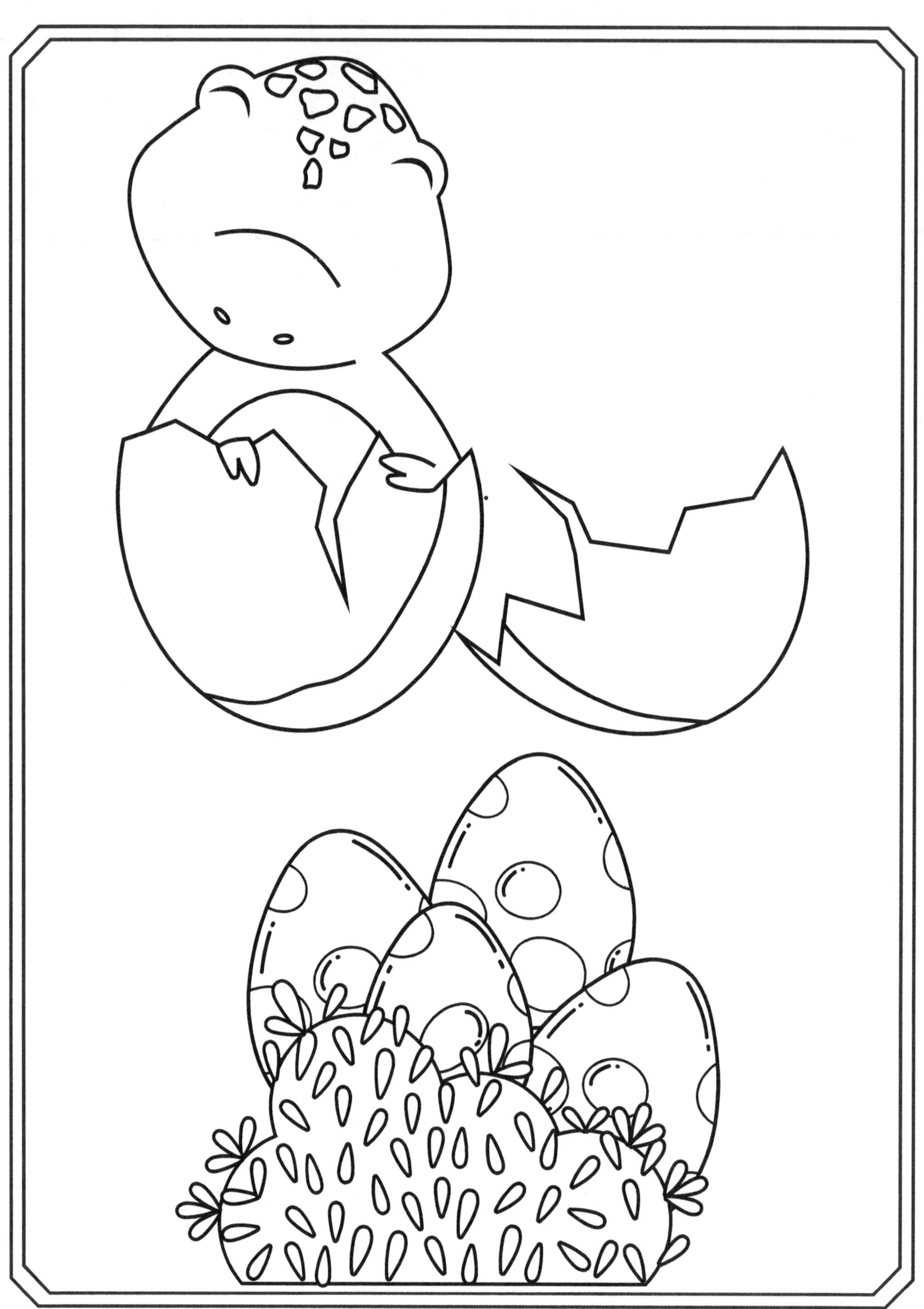

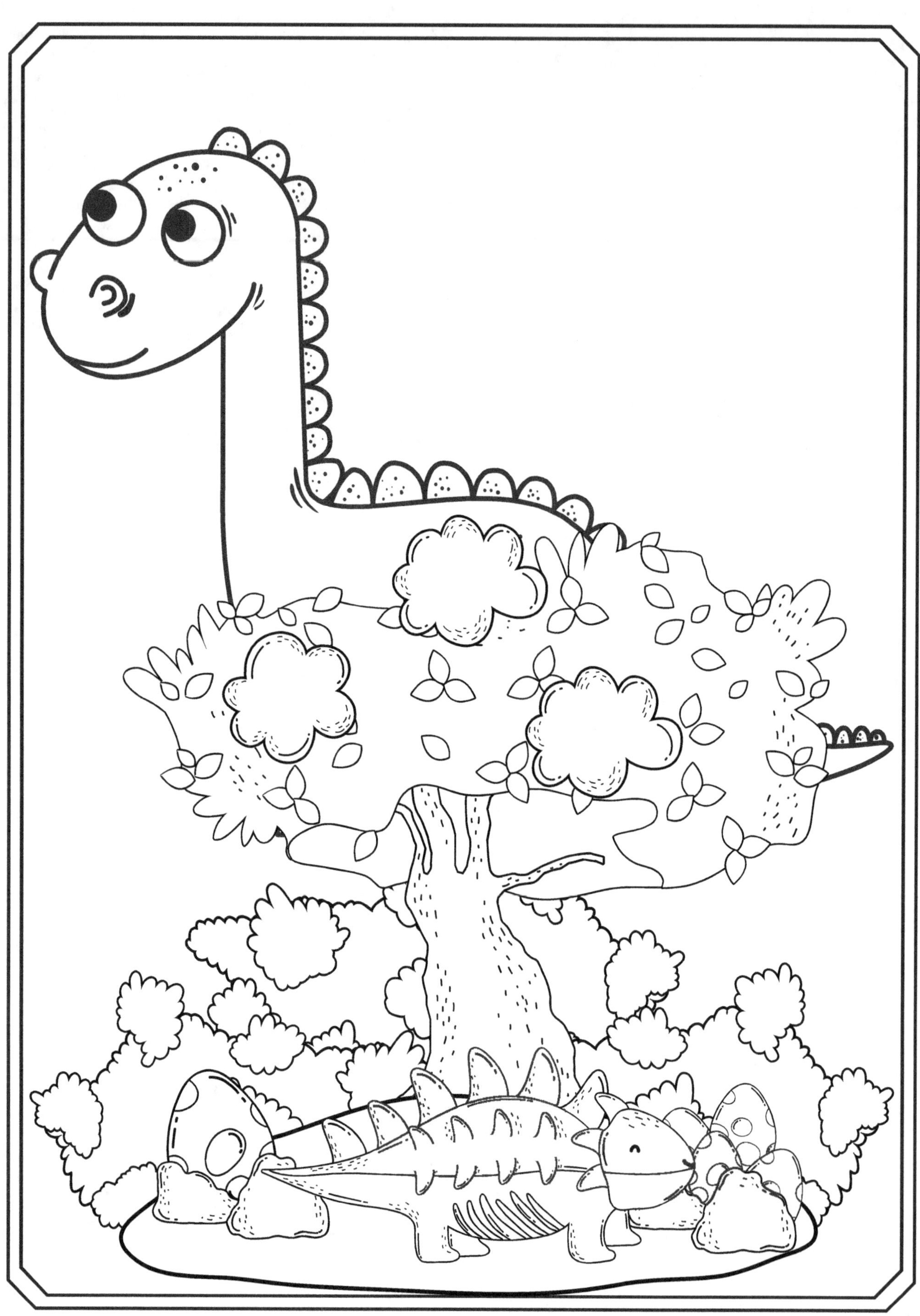

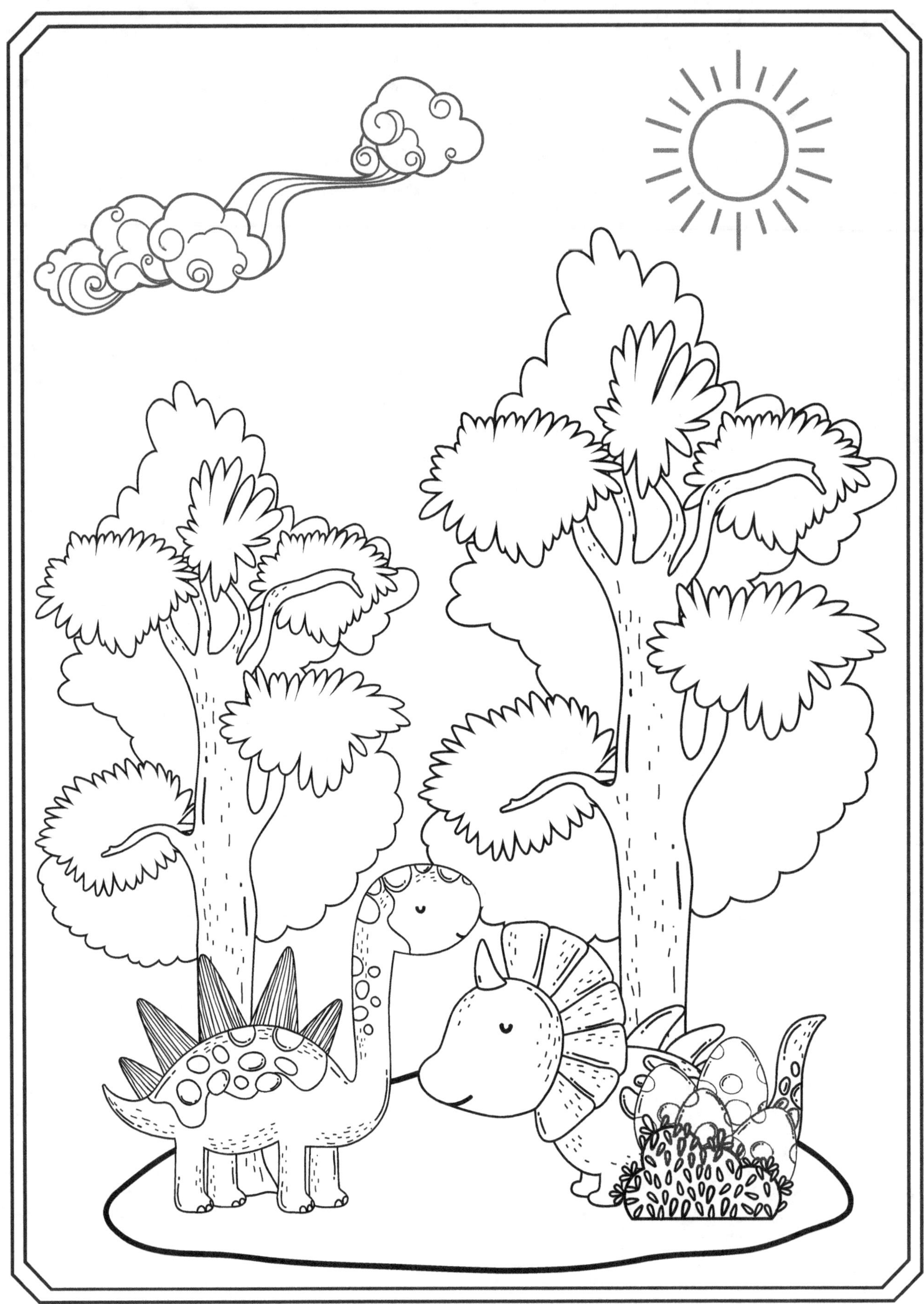

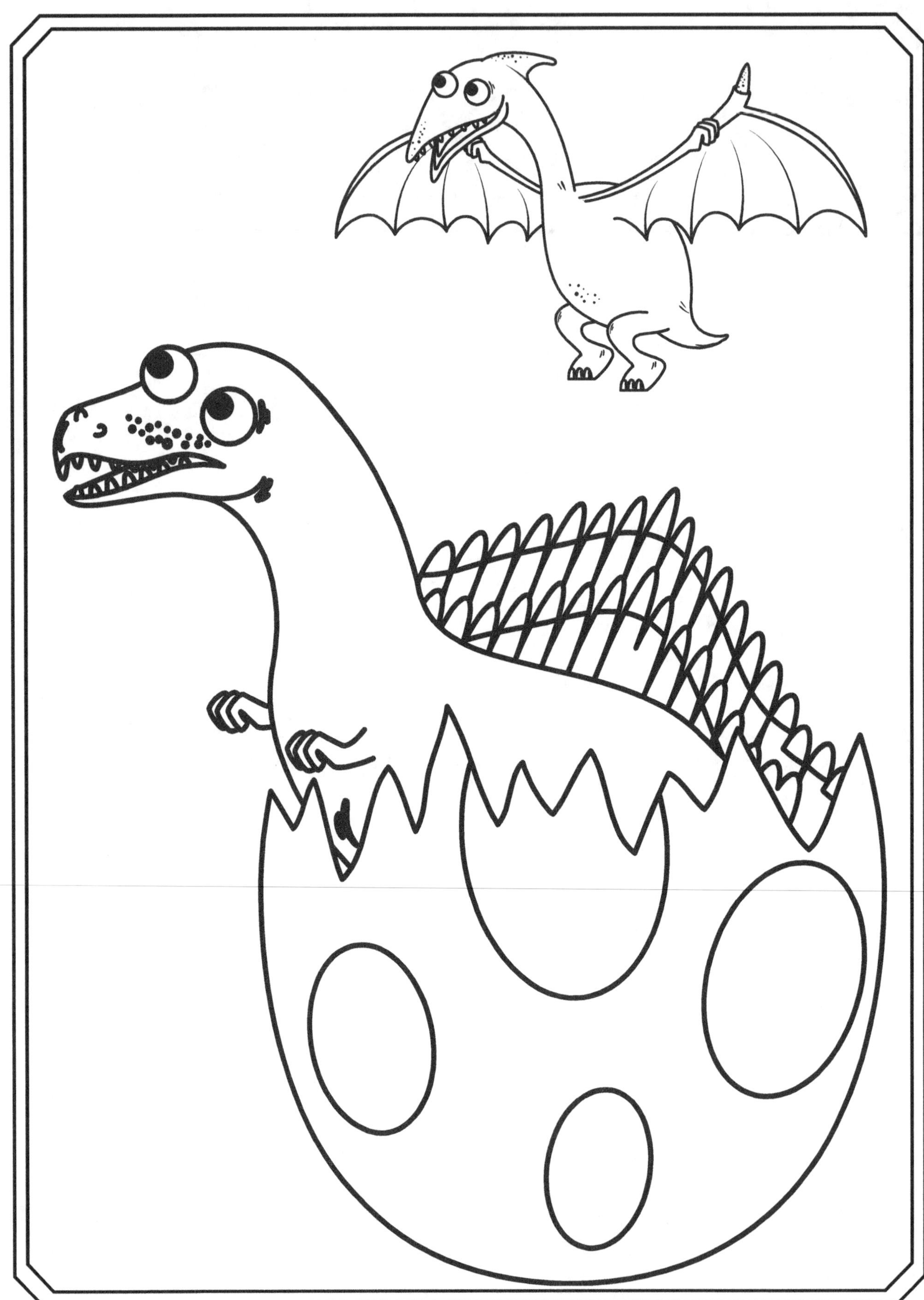